Recrea Books
レクリエ
ブックス

介護現場の職員全員で読みたい！

介護施設での
感染対策
レク&ケア

世界文化社

目次

はじめに

「感染症」とは？

介護現場で感染症から身を守るために身につけたい知識と技術

藤井達也
春日部嬉泉病院内科部長

ふじい　たつや／1989年防衛医科大学校医学部卒業。同医大、自衛隊中央病院内科に勤務後、1992年第１次カンボジア派遣施設大隊衛生班医官等を経て、2004年第３次イラク復興支援群衛生隊診療班長。感染症の分野において国内外で活躍。2013年河北総合病院にて安全感染管理室長・感染症内科部長、副院長を務め、2018年６月より現職。

人類と感染症との闘いは古く防護具のルーツは17世紀

人類と感染症のかかわりの歴史は古く、ペスト、天然痘、インフルエンザなどの単一感染症の流行によって、多くの人命が奪われてきました。病原微生物が何かも不明で、どのようにヒトへ感染するかも十分わからず、治療法もほとんどないなかで、我々人類の祖先たちはこれらの恐ろしい感染症と対峙《たいじ》し、闘い、生き延びてきたのです。

17世紀、当時ノミとペスト感染の関係など誰も知る由もない時代、自分が感染することを恐れた医師は、長いくちばしのような鼻の部分にペストがもたらす悪臭に負けないよう芳香性物質を詰めたマスク、丈の長い服、手袋、靴などにより自分を保護し、ペストの患者を診察しました。

これにより、結果的にノミとの接触を防ぐことになり、感染制御にはある程度成功したのかもしれません。

感染症は根絶できないので共存していくしかない

２０２０年に入り、新型コロナウイルス感染症が猛威を振るっています。今回は、原因微生物、感染経路、予防や治療法がある程度わかっているにもかかわらず、世界中の人々に恐怖心を植えつけ、生活習慣さえも一変させてしまいました。新型コロナウイルスに対して、今や人類はその〝終息〟を目指すどころか、〝共存〟の道を選ばざるを得ない状況です。

しかし、人類と微生物の関係性において〝共存〟を目指すことは、何も目新しいことではありません。むしろ根絶できた感染症の方が稀《まれ》なぐらいです。

ヒトは、その自覚の有無にかかわらず、微生物の塊を宿す生き物です。我々の体内・特に腸には、約3万種百〜一千兆個の細菌が生息し、1.5〜2㎏の重量になるといわれます。すべての動物は、微生物の塊と〝共存〟し、〝共栄〟しているわけです。それは新生児の頃から、口や鼻などから多数の微生物が体表や体内に定着・侵入し、増え、相互に影響を与え合いながら、その〝共生〟は死を迎えるまで続きます。無菌のままで生き続けるヒトはいないのです。逃げたり避けたりするのではなく、相手を滅ぼすということでもなく、共に生きる術のみを見出していく……、これが人類と感染症の関係です。

感染症に必要な3つの要素のどれかを断てば感染症にかからない

他方、医療の分野では、微生物との〝共存〟を許容しない領域があります。手術で使用する器材や手袋、注射の針などは、病原性を有する微生物を百万分の一以下に死滅させる（滅菌）というルールがあります。

　そもそも感染症とは、病気の原因となる微生物の感染により、「宿主」に生じる望まれざる反応（病気）の総称。宿主とは、ヒトや動物のことです。感染が成立するには、この宿主のほかに、〝感染源〟（ヒトや動物、環境）と〝感染経路〟（感染源の排出口と侵入口）があります。

　例えばペストという病気は、ペスト菌（Yersinia pestis）を保有するネズミなどからノミを介してヒトや動物（宿主）に感染したり、感染したヒトや動物の排泄物から傷口や粘膜を介してペスト菌が侵入したり、時に感染者の口から飛び出す細かいしぶき、いわゆる飛沫によって拡がります。ここでいうネズミ、ノミ、排泄物などを感染源と呼び、これら感染源から宿主の体内に菌が侵入する経路、すなわち直接接触することや、飛沫を吸い込むことなどを、感染経路と呼びます。

　感染が成立するためには、宿主・感染源・感染経路という3つの要素が必要であり、逆に宿主側が感染源や感染経路を理解していなくとも、感染源と感染経路のいずれかが遮断されていれば、感染は成立しないのです。

医療現場ではヒトはすべて感染症の疑いがあるとするのが前提

　ところが、病原微生物、感染源、感染経路は、多くの場合、目には見えません。自ら名乗って現れることもありません。

　また、診断された患者や判明している保菌者（病原微生物などを保有しているヒト）は、実は氷山の一角であり、多くを検査しなければ全体像は見えてこないわけです。

　それでは、医療の世界では、どのように目に見えない感染源や感染経路を遮断し、感染症を制御しようとしているのでしょうか？　病原微生物や感染源の有無がはっきりするまで、医療従事者は何もできないのでしょうか？　無数にある病原微生物の検査を、すべてのヒトに実施して、陽性か陰性かを見分けてから防御方法を決めているのでしょうか？

　実は、このようにして無理に見分けることをあきらめ、普遍的にある約束事を守ることで感染を防いでいます。それが現在、世界中の医療現場で実践されている〝標準予防策〟（スタンダードプリコーション）です。

　つまり、「感染症の有無にかかわらず、すべてのヒト（患者）の、血液、体液、排泄物、粘膜や損傷した皮膚は、感染の可能性があるものとして対応する」というもの。すべてのヒトは感染症を有していると想定して、医療従事者は所定の感染対策を実施しなければならない……、という世界共通のルールなのです。

　医療従事者は、すべてのヒトは感染症があると決めつけて感染予防をする、手を一旦は握りしめながらもその直後にその手をすばやく洗っている……。医療従事者とはかくも矛盾を抱え、因果な商売の側面を有しているのです。

介護現場でも感染症予防の基本は〝標準予防策〟

　標準予防策とは、主に手指衛生と咳エチケット、マスクや手袋、ゴーグル、ガウンなどの個人防護具の使用を一気に束にして行う予防策で、いかなる感染症に対しても基本となる考え方です（詳しくは6～7ページ参照）。

　感染予防対策は、真面目で、思いやりにあふれ、器用な日本人が最も得意とする分野でもあります。新型コロナウイルスは、主としてインフルエンザウイルスと同じく飛沫を介してヒトからヒトに伝播します。新型コロナウイルスと〝共存〟する〝ウィズコロナ（With Coronavirus）〟の時代、それは、〝標準予防策＋飛沫予防策〟こそが〝標準〟である時代といえるかもしれません。

　介護や医療の現場における相手は、当然ながら人です。そこには思いやりと慈しみのマインドのほかに、感染症から身を守るために、少しの知識と技術が必要になります。感染症とその予防対策の特集を組みました。介護の現場で働く皆様の一助になれば幸甚です。

イラスト／ささきともえ

標準予防策とは？

免疫力が低く、何らかの疾患を抱える高齢者が主となる介護施設では、感染予防対策は欠かせません。その基本となるのが「標準予防策（スタンダード・プリコーション）」。まずは、その内容を理解しておきましょう。

監修／吉田理香

東京医療保健大学大学院医療保健学研究科感染制御学教授。日本看護協会感染管理認定看護師。著書に『なぜ？がわかる高齢者ケアの感染対策○と×』（メディカ出版）がある。

なぜ標準予防策が必要か

「標準予防策」と聞くと、とても難しいことのように思われるかもしれません。しかし、これをきちんと理解し、正しい方法で行えば、毎日のケアを「感染しない」「感染させない」ものにすることができます。日常の介護のなかで、みんなで取り組まなければならない感染予防対策の基本なのです。

「標準予防策」は、CDC（米国疾病予防管理センター）が公開したもので、「すべての患者の、血液、体液、分泌物、嘔吐物、排泄物、創傷《そうしょう》皮膚、粘膜等は、感染の可能性があるものとして対応する」という考え方がベースにあります。医療施設に限らず、介護施設など感染予防対策が求められる現場では必要とされる考え方です。

介護現場で行うのは下表のような内容で、日常的にすべてを実践することが感染予防につながります。特定の感染症を想定する場合は、さらにその感染経路に合った対策をプラスします。つまり、新型コロナウイルス感染症に対しても、標準予防策は行うべき基本の対策となります。

8～25ページでは、介護現場で求められる標準予防策に沿った感染予防対策を紹介します。正しく身につけ、感染しない、感染させないケアを徹底しましょう。

標準予防策の考え方

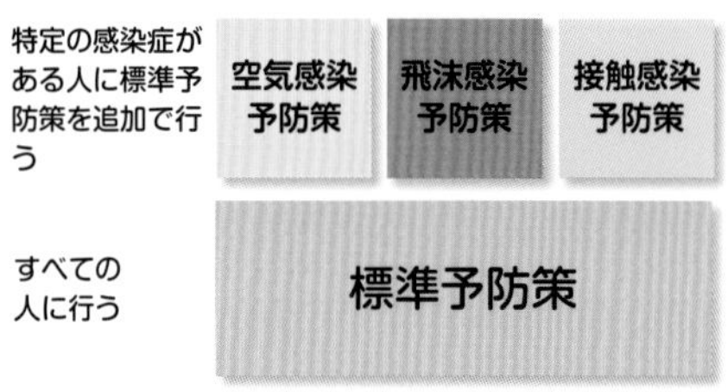
特定の感染症がある人に標準予防策を追加で行う
空気感染予防策
飛沫感染予防策
接触感染予防策
すべての人に行う
標準予防策

介護現場で求められる標準予防策

高齢者の生活を支える介護施設で行いたいのは８つの標準予防策です。

1	適切な手指衛生	ケアの前後は、流水と液体石けん、速乾性のすり込み式手指消毒薬（アルコール製剤）によって効果的な手洗い・消毒を行う。介護者が自分の手指を媒介に周囲に感染を拡げることを防ぎ、また自分を感染から守るためのもの。 →p.8-9
2	適切な個人防護具の着脱	血液、嘔吐物、排泄物などと接触する可能性がある場合、介護者はマスク、手袋、ガウン・エプロン、ゴーグル、フェイスシールドなどの個人防護具（使い捨て）を着用する。感染を拡げない適切な着脱が重要。 →p.10-15
3	ケアに使用した器具・器材の取り扱い	吸引、歯みがき、清掃などで用いる器具・器材は、洗浄や消毒など適切な処理が必要。それが済むまで、ほかの利用者に使用しない。介護者が共用する清掃用具は清潔管理が必須となる。 →p.16-17
4	周囲の環境対策	施設内の環境衛生の保持に努める。手すりやドアノブ、スイッチなど人がよく触れる場所は、人の手を介して汚染物質や病原体を周囲に拡める恐れがあるので、特に注意して掃除し、清潔を保つ。 →p.18-19
5	リネン・廃棄物の取り扱い	使用済みのシーツやタオルなどは汚染物と考え、ワゴンで運搬する時や保管する時などに、未使用のものと一緒に取り扱わない。廃棄物は決められた適切な場所に密閉保管する。 →p.22-23
6	針、鋭利な器具の取り扱い	鋭利な器具を取り扱う場合、手などを傷つけると感染リスクを高めるので、手袋を着用し、手渡しはしないようにする。使用済みのものは汚染されているので、洗浄や消毒など取り扱いは特に注意が必要。 →p.13
7	患者（利用者）配置	感染が疑われる利用者は個室へ移すか、ほかの利用者から離す必要がある。また、感染症に罹患していなくても、認知症などの理由で、環境衛生を維持できない、感染予防に協力してもらえない利用者の場合、個室を利用するなど部屋を分ける。
8	呼吸器衛生、咳エチケット	感染症流行時にはマスクを着用する。利用者、介護者双方のための対策として、マスクを着用していない時は、咳やくしゃみをする際はティッシュで鼻と口を押さえ、ティッシュは本人が廃棄し、そのあと、手指衛生を行う。 →p.12

イラスト／ホンマヨウヘイ

標準予防策に
追加して行う

感染経路別予防策

特定の感染症が疑われるケースでは、標準予防策に加えて感染経路に応じた対策が必要。病原体がどのように伝播《でんぱ》するのか理解し、経路を遮断することで予防します。

空気感染

●空気感染とは？

飛沫核(病原体を含んだ飛沫の水分が蒸発してできる、直径5μm＊未満の小さな粒子)を気道や気管に吸い込むことで感染します。飛沫核は病原体を保ったまま空気中に長く浮遊し、空気の流れに乗って運ばれ、離れた人にまで病原体が伝播します。

●代表的な感染症

結核、麻疹《ましん》(はしか)、水痘(水ぼうそう)など

予防策

●感染者は空調管理のできる個室に隔離するか、空調管理ができない場合は個室に移動してもらい、常にドアを閉めておきます。周囲と空気の流れを遮断することが大切です。

●感染者にはサージカルマスクをつけてもらい、介護者はN95マスクを着用します。

飛沫感染

●飛沫感染とは？

病原体を含んだ飛沫を吸い込んだり、直接触れたりなど、鼻腔や咽頭の粘膜、目などに病原体が付着することで感染します。飛沫は水分で空気より重いため、長時間空気中に漂うことはなく、通常は１ｍ程度で落下します。

●代表的な感染症

風邪、インフルエンザ、風疹、おたふく風邪(流行性耳下腺炎)、マイコプラズマ肺炎、百日咳、手足口病、新型コロナウイルス感染症など

予防策

●ケアの前後に手指衛生を徹底し、感染者と介護者の両方がサージカルマスクを着用します。

●感染者とほかの利用者は、最低でも１～２ｍ離れ、常にその距離を保つことが必要です。カーテンやパーテーションによる仕切りや感染者の個室管理を行うこともあります。

接触感染

●接触感染とは？

病原体を持っている人に直接触れて感染する「直接接触感染」と、その人が触れた物を介して感染する「間接接触感染」があります。

●代表的な感染症

ＭＲＳＡ(メチシリン耐性黄色ブドウ球菌)感染症、ＶＲＥ(バンコマイシン耐性腸球菌)感染症、多剤耐性緑膿菌などの多剤耐性菌感染症、0-157など腸管出血性大腸菌、クロストリジウム・ディフィシルなどによる腸管感染症、ノロウイルスやロタウイルスによる感染性胃腸炎、新型コロナウイルス感染症など

予防策

●感染者が下痢や嘔吐をくり返したり、痰が多く咳をしたりしている時には個室に隔離します。同じ感染症の感染者が複数いる場合は、同じ部屋で管理することも可能です。

●手指衛生と個人防護具の着用を徹底し、体温計や血圧計などはなるべく利用者ごとの専用とします。

＊μm(マイクロメートル)は長さの単位。1μm＝1/1000mm＝1/1000000mの長さ。

必ず身につけたい
感染予防対策①

手指衛生（手洗い・手指消毒）

手指衛生は最も重要な感染予防対策

利用者に直接触れることが避けられない介護者にとって、手指衛生は感染を拡げず、自らを守るために重要な感染予防対策。手洗いと手指消毒はきちんとできるようにしておきましょう。

手洗い

●液体石けんで洗う

○
×

固形石けんは使わない。容器は清潔に保ち、使い切ったら廃棄する。

●時計や指輪ははずす

×
×

洗い残しが生じて、感染予防が不十分になる。

●ペーパータオルでふく

○
×

共用のタオルなどは避け、使い捨てのペーパータオルを使う。

手洗いの手順

1 水でしっかりと手を濡らす。

2 液体石けんをワンプッシュ、手のひらに取る（しっかり押し出す）。

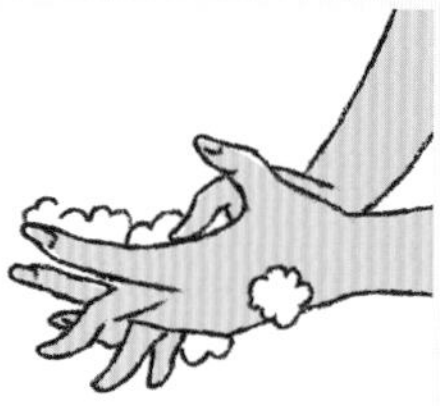

3 手のひらをすり合わせて石けんをよく泡立て、指のあいだも洗う。

4 爪のあいだと指先を反対の手のひらで、こするように洗う（左右とも）。

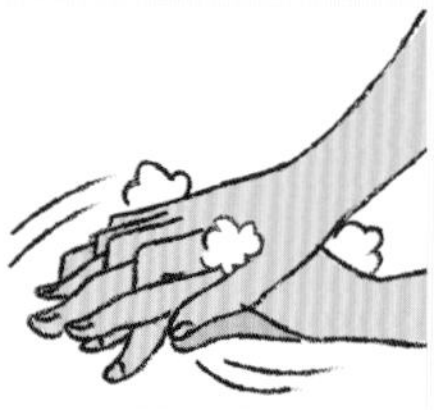

5 手の甲に反対の手のひらを当ててもみ洗いする（左右とも）。

6 親指を反対の手でねじるようにして洗う（左右とも）。

7 手首を反対の手でねじるようにして洗う（左右とも）。

8 石けん液が残らないように水でしっかり洗い流す。

皮膚を傷つけないようにやさしく

9 ペーパータオルで水分が残らないよう十分に拭き取る。

こんなことにも注意！

洗った手で水道栓を触るのは×

水道栓は自動水栓か手首やひじで操作できるものが望ましいのですが、手で操作する場合は手を拭いたペーパータオルを用いて止めます。

洗い残しに注意

利き手側は洗い残しが多いので意識して洗うようにします。

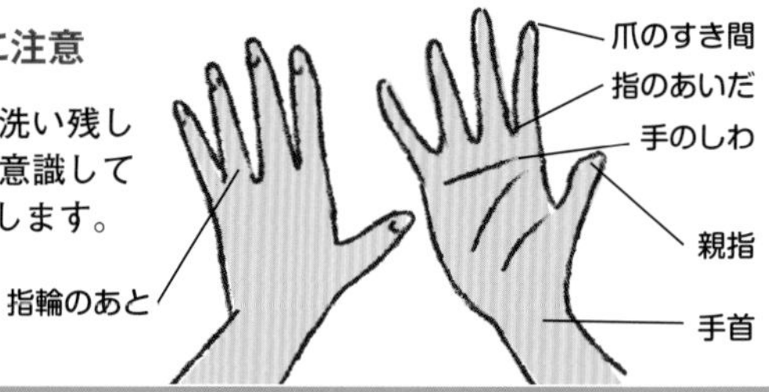

爪のすき間
指のあいだ
手のしわ
親指
手首
指輪のあと

手指消毒

汚れが目立たない時、周囲に洗面台がない時には、手指消毒を行います。汚染の程度がひどい場合、手洗いをしてから手指消毒をすることもあります。携帯用消毒薬を持っていると、緊急時にも便利です。

●アルコール濃度70～80%の消毒薬を使う

消毒薬のアルコール濃度は70～80%の状態が最も殺菌効果が高いとされます。容器には開封日と使用期限を書き入れます。

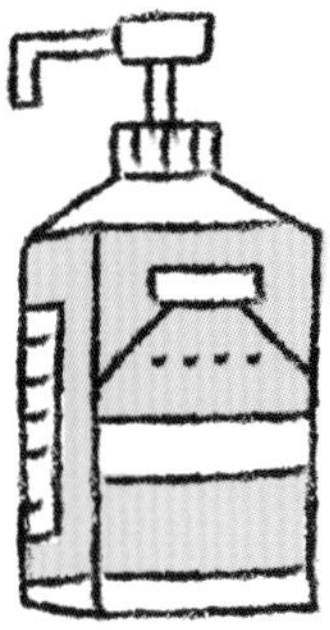

こんなことにも注意！ 液体石けん、消毒薬のつぎ足しは×

容器の外側は汚染されている可能性があり、液剤をつぎ足す際に病原体や細菌が混入する恐れがあります。万一、容器を使い回す場合は、洗浄後、塩素系漂白剤で消毒し、しっかり乾燥させてから使用します。

スキンケアも感染予防の 一つです

肌荒れした手には微生物が多く付着する恐れがあり、感染リスクを高めます。ハンドクリームやローションなどを用いて、スキンケアを忘れずに。

手指消毒の手順

※速乾性のすり込み式手指消毒薬（エタノール含有消毒薬）を使用する場合

1 速乾性のすり込み式手指消毒薬をしっかりワンプッシュして、手のひらに取る。

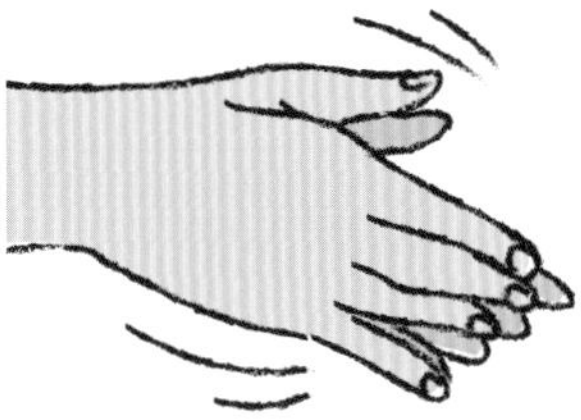

2 手のひらをよくすり合わせる。

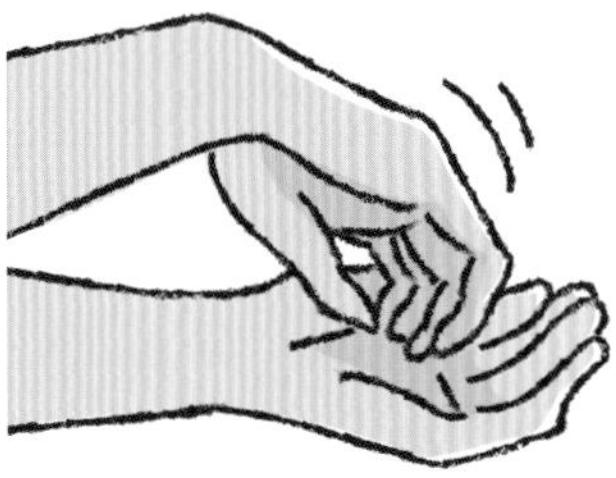

3 爪のあいだと指先を反対の手のひらの上でよくすり合わせる（左右とも）。

4 手の甲に反対の手のひらを当ててよくすり込む（左右とも）。

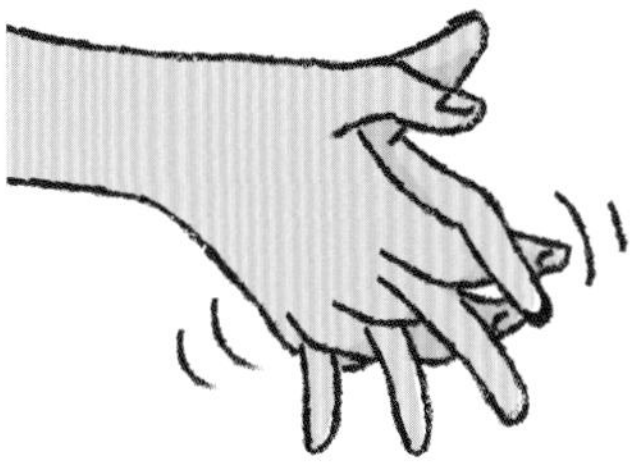

5 両手の指を組んで指のあいだをすり合わせる。

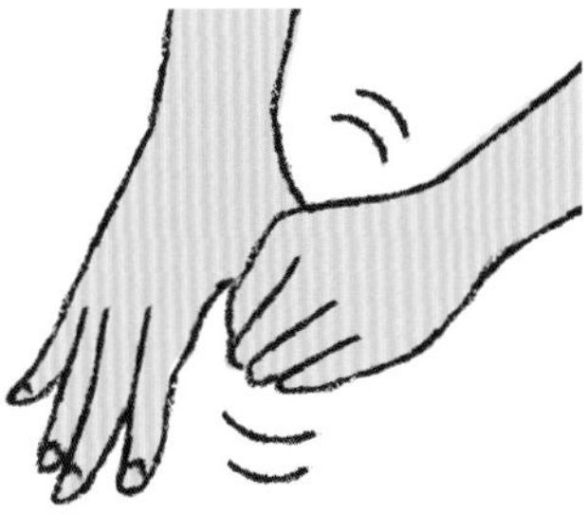

6 親指を反対の手でねじるようにしてよくすり込む（左右とも）。

7 手首も反対の手でねじるようにしてすり込み（左右とも）、しっかり乾かす。

必ず身につけたい

感染予防対策 ②

個人防護具の取り扱い

血液や体液、嘔吐物などに触る時に身につけます

血液、体液、嘔吐物、排泄物などに触る時や、感染リスクのある人に接する際には個人防護具を使用しましょう。

介護者の着用が必要な場面

- けがなどで出血した人の手当てやあと始末をする
- 嘔吐をした人の吐しゃ物の処理や着替えをする
- 下痢をしている人のおむつ交換や排泄介助をする

など

着用の前に**手洗い**、**手指消毒**を行いましょう。

※左記は感染症が発生している状況下でのフル装備です。介護施設で日常的に使用するのは、手袋、マスク、ガウン・エプロン。

ゴーグル

口腔ケアを行う時や、嘔吐物、排泄物の飛沫が飛び散る恐れがある場合に装着する。

ヘッドキャップ

嘔吐物や排泄物などの飛沫を浴びる恐れがある場合に装着する。

マスク

鼻や口の汚染、あるいは飛沫の拡散を防ぐ。サージカルマスクが望ましい。

手袋

利用者の皮膚に直接触れるケアでは装着を。最後に身につけ、最初にはずす。

ガウン・エプロン

液体が浸透しない素材（ビニールやプラスチック製）のものを使用する。

シューズカバー

床・足元が汚染されている時に装着する（ビニール袋での代用も可能）。いすを準備し、腰かけて着脱する。

個人防護具をつける手順

手袋が最後！

1 手洗い・手指消毒を行う

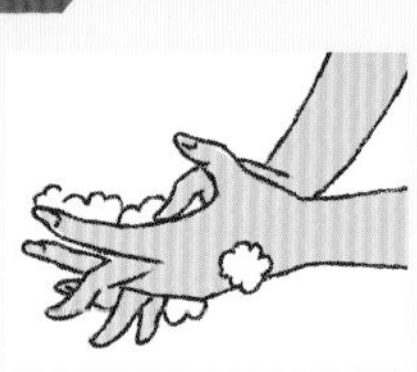

2 ガウン・エプロンをつける

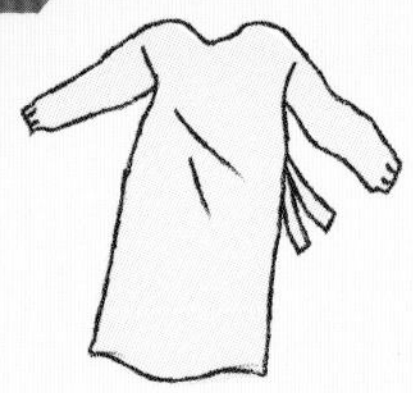

3 マスクをつける

4 手袋をつける

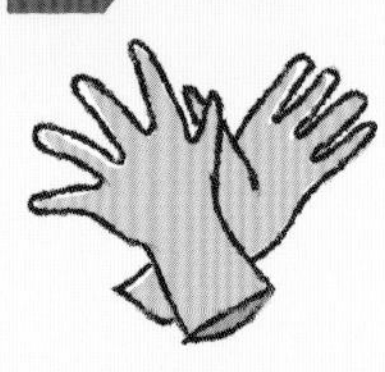

フル装備の場合は……

ヘッドキャップ、シューズカバーを事前に着用してから、手洗い・手指消毒を行い、ガウン・エプロン→マスク→ゴーグル→手袋の順で身につける。

個人防護具ははずす順番が重要！

個人防護具は介護者を汚染から守るために身につけます。ですから、使用後には表面は必ず汚染されていると考え、表面に触れないようにはずし、廃棄する必要があります。

個人防護具をはずす手順

※速乾性のすり込み式手指消毒薬を使用する場合

手袋が最初！

1 手袋をはずす

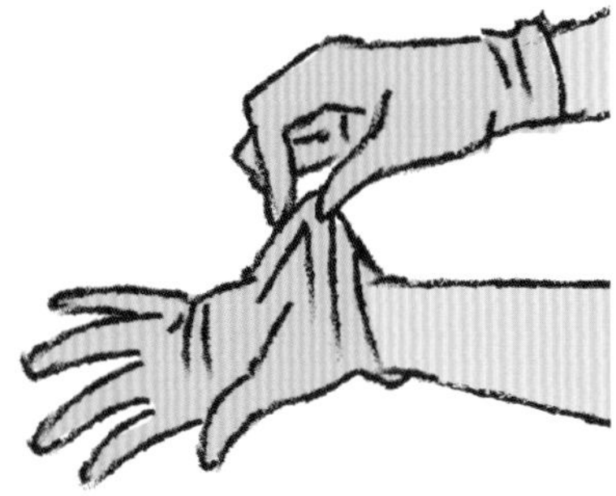

2 手指消毒を行う

3 ガウン・エプロンをはずす

4 手指消毒を行う

5 マスクをはずす

6 手洗い・手指消毒を行う

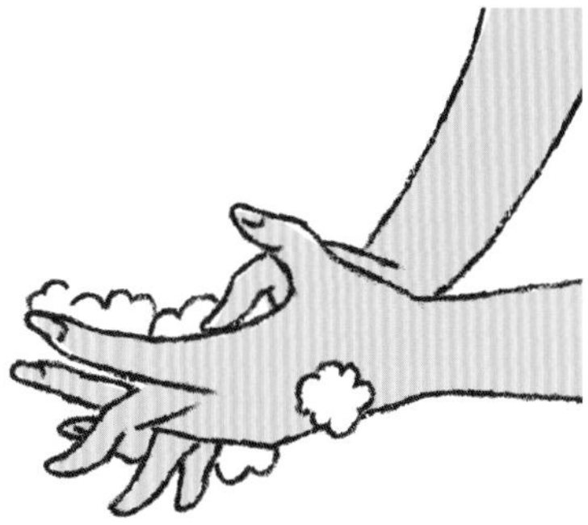

フル装備の場合は……

手袋→手指消毒→ガウン・エプロン→シューズカバー→手指消毒→ゴーグル→ヘッドキャップ→マスク→手洗い・手指消毒の順で行う。

はずす時のポイント

- あらかじめ手指消毒薬、汚染された手袋やガウンなどを廃棄する容器を準備するなど、脱衣環境を整備し、二次感染を防ぐ。
- それぞれの防護具は、汚染された部分と清潔な部分を意識しながらはずす。

こんなケアはNG

- **ケアのあとに個人防護具を身につけたまま歩き回る**
- **個人防護具を何度も使い回す**
- **使用後の個人防護具をむき出しのまま置いておく**

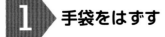

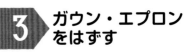

マスク

正しい装着で飛散する飛沫を防御

介護者の着用が必要な場面

- 咳が出ている利用者と接する時
- 嘔吐物や排泄物に触れる時
- 利用者の歯みがき・入れ歯洗いの時　など

※上記は平時の場合。新型コロナウイルス感染症予防のためには、
マスクの常時着用を検討してください。

ココに注意!

- 基本的に再利用しない。
- はずしたあとは手指衛生を行う。
- マスクの表面には触らない。
- サイズの合ったマスクを選ぶ。特にN95マスクを着用する際は、フィットチェックをして空気漏れがないことを確認する。

マスクのつけ方

1 ワイヤー部分を内側に折り、鼻の形に沿うよう密着させ、ゴムを耳にかける。

2 あごを覆うようにマスクの下の部分を引き、上下左右にすき間がないよう調整する。

マスクのはずし方

ゴムの耳の後ろ部分を持って静かにはずす。表面に触れないよう注意する。

こんな使い方はNG

- 鼻を出して着用する。

- 上下、裏表を逆に着用する。

- ゴムを耳にかけたままあごにかける。

- 使用後のマスクをポケットに入れる。

- 使用後のマスクを腕にかける。

主なマスクの種類と特徴

さまざまなタイプがあります。素材に着目すると、
下記の 3 つに分かれます。

不織布マスク

不織布で作られたマスクには、一般家庭用と医療用（サージカルマスク）があり、医療用は微粒子ろ過効果95%以上を目安とすることが多い。

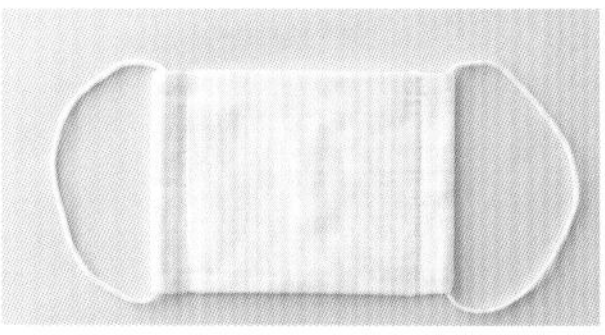

布マスク

ガーゼを折りたたんで作られたタイプ以外に、最近はいろいろな素材のものが出ている。感染予防効果は不織布マスクより劣る。

N95マスク

NIOSH（米国労働安全衛生研究所）の規格に基づくもので、非常に目が細かく、着脱にはトレーニングが必要。主に医療現場で使用されるが、結核など空気感染による感染症発生の可能性がある場合は、介護現場においても着用する。

手袋

直接的な接触を防ぎ、汚染から守る

介護者の着用が必要な場面

- 嘔吐物や排泄物に触れる時
- 利用者の歯みがき･入れ歯洗いの時
- 環境衛生や使用済みリネンの交換をする時
- 医療行為のサポートや爪切りなど、鋭利な器具を使用する際　など

ココに注意!

- 利用者ごとではなく、ケアごとに交換する。
- 切り傷やすり傷など損傷のある皮膚に触れる時にも着用する。
- 手袋をはずしたあとに手指衛生を行う。

手袋のつけ方

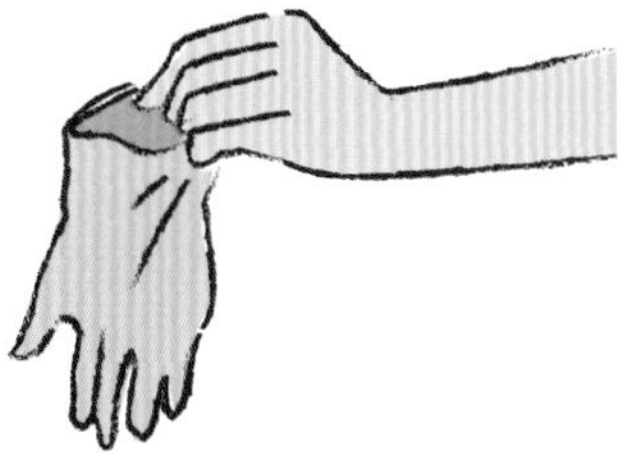

1
先に利き手からつける。手袋の袖口を持ち、指先側を下に垂らして、親指の位置を確認する。

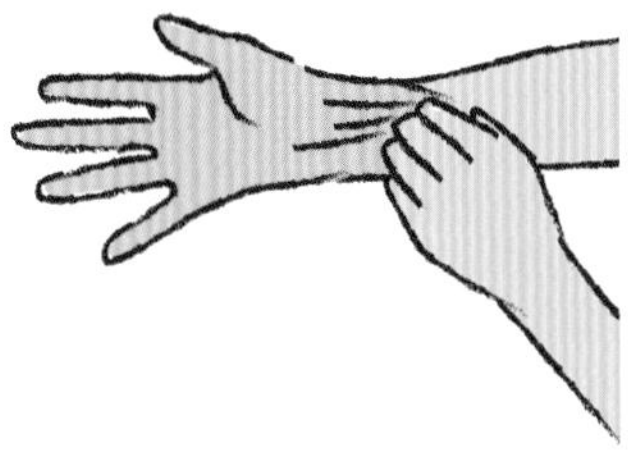

2
素早く利き手を入れる。

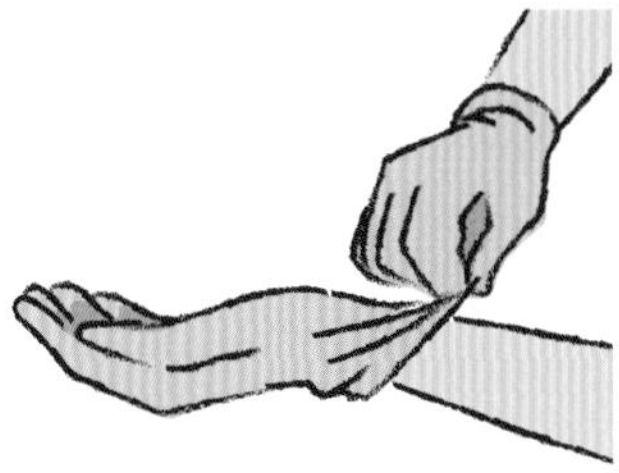

3
着用した手で、もう片方の手袋を取り上げ、2と同様にして手を入れる。

手袋のはずし方

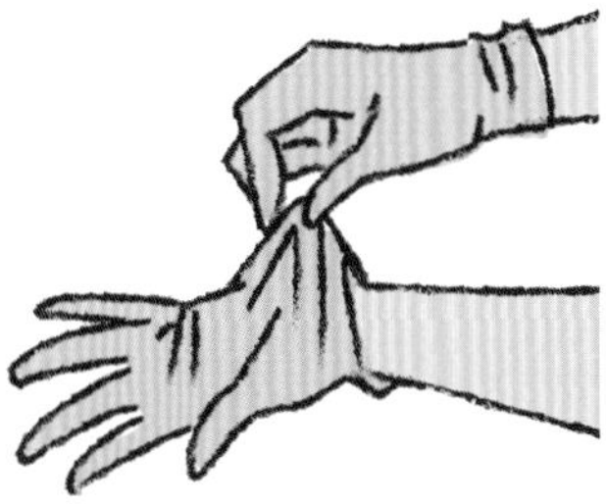

1 利き手で片方の手袋の袖口外側を、皮膚に触れないようにつまむ。

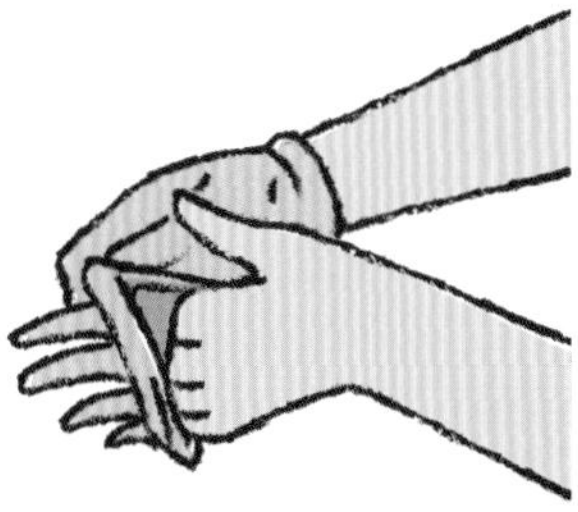

2 指先に向けて手袋の内側が表にくるよう、引き上げながらはずす。

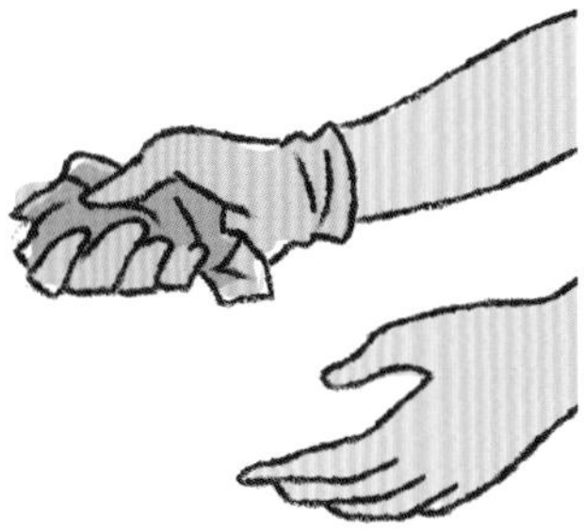

3 はずした手袋を、手袋をつけている側の手で持つ。

4 手袋をはずした手の指先を、つけている側の手首と手袋のあいだに差し込む。

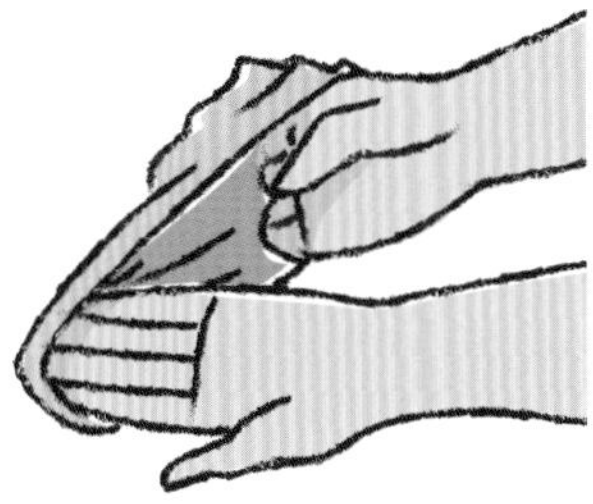

5 そのまま手袋の内側を表に返すように引き上げて、もう一方の手袋もはずす。

6 あとからはずした手袋で、先の手袋を内側が表のまま包んでまとめ、廃棄する。

こんな使い方はNG

2枚重ねでつけた手袋の1枚をはずし、次の作業をする

1枚目の手袋をはずす時、汚染面に触れたり、破れたりして、下につけている手袋が汚染される恐れがあります。

手袋を着用したまま、手指消毒を行う

手袋をつけたまま、速乾性のすり込み式手指消毒薬を使うと、手袋が破損する原因となります。

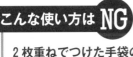

ガウン・エプロン

体を覆い、より高い感染リスクを回避する

介護者の着用が必要な場面

- 嘔吐物や排泄物の処理をする時
- 口腔ケアをする時
- 洗浄や消毒などで汚染器具を扱う時　など

※ガウン・エプロンの脱衣の順番や脱ぎ方のテクニックの定着のために、日頃からトレーニングを行うことが大切です。

ココに注意!

- 装着時にガウン・エプロンが床や汚染箇所に触れないようにする。
- ガウンはひざから首、腕から手首、背部までしっかり覆う。
- エプロンは裾をしっかりと広げて、相手と接する部分を覆う。

ガウンのはずし方

はずす前に
手指消毒

1 ガウンの首元の部分を持って首ひもを引きちぎる。

2 ガウンの外側に触れないように両腕を脱いでいく。

3 ガウンの内側が表になるように袖を引き抜く。同じようにして反対側の袖を引き抜く。

4 ガウンを前面に押し出すようにして、腰ひもを引きちぎる。

はずしたあとも手指消毒

5 丸めながら小さくまとめて廃棄する。

エプロンをはずす時は……

首ひもを引いてちぎり、エプロンの上半分を前に垂らします。そのまま裾を内側からすくい上げ、表面に触れないように下側から折り込み、腰ひもをちぎります。小さくまとめて廃棄します。

ゴーグル

見逃されがちな目からの感染を防ぐ

介護者の着用が必要な場面

- 咳が出ている利用者と接する時
- 口腔ケアの時、気管や口腔内の吸引をする時
- 嘔吐物や排泄物の処理をする時　など

ココに注意!

- 装着の前後に手指衛生を行う。
- 顔、目をしっかり覆うように装着する。

はずし方

汚染されている外側表面に触らないよう、フレームの耳の部分をつまんで目を閉じながらはずす。そのまま廃棄するか、次亜塩素酸ナトリウムなどで消毒後、所定の場所に戻す。

＊プラスチック製のレンズの場合、アルコールで消毒すると表面がくもることがあるので注意（フェイスシールドも同様）。

フェイスシールドのはずし方

フェイスシールドを使用する場合、シールド(覆い)は面積が広いので触らないよう特に注意し、ヘッドバンドの部分をつまんではずす。そのまま廃棄するか、消毒後、所定の場所に戻す。

シューズカバー

足元からの汚染を防ぐ

介護者の着用が必要な場面

- 高度な感染予防策が必要な時
- 床などにある嘔吐物や排泄物の処理をする時　など

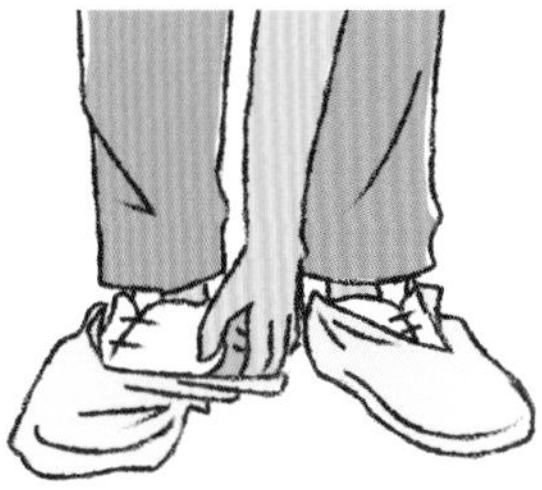

はずし方

足首の内側に手を差し入れ、内側が表になるように丸めながらはずす。周囲への汚染を防ぐため、いすに座ってはずすようにする。

ココに注意!

- つける時は靴全体をしっかり覆う。
- はずす時は表面に触れない。

ヘッドキャップ

広範囲な病原体への感染曝露《ばくろ》に対応する

介護者の着用が必要な場面

- 高度な感染予防策が必要な時
- 血液、体液、嘔吐物、排泄物の飛沫を浴びる恐れのある時　など

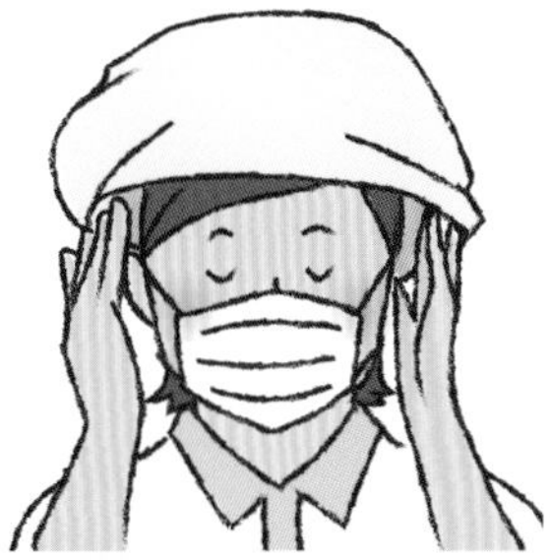

はずし方

汚染されている外側表面が髪や顔に触れないようにはずす。表面が内側になるようにして丸めて廃棄する。

ココに注意!

- つける時は髪をしっかり中に入れて覆う。
- はずす時は表面に触れない。

消毒

用途に合わせて適切な消毒液の選択を

消毒とは「病原性微生物を殺滅する、または不活性化する（活動を止める）こと」。手指や皮膚以外に、ケアに用いる器材や室内環境などの汚染を除く際に行います。用途によって使用する消毒液や方法が異なるので、しっかり確認しましょう。

介護現場で消毒に使用する薬剤

介護現場で一般的に使われるのは、以下の 3 つ。それぞれの用途や特徴を理解して使用しましょう。

	アルコール（消毒用エタノール）	次亜塩素酸ナトリウム（塩素系漂白剤）	界面活性剤（石けんや家庭用洗剤など）
主な用途	手指、皮膚、ドアノブ、便座、医療用器具など	差し込み便器、嘔吐物・排泄物による汚染、リネン、衣類、テーブル、ドアノブなど	ドアノブ、取っ手、スイッチ、ソファ、テーブル、いす、壁、床など
特徴	消毒する力が強く、安全性が高い。揮発しやすいので薬剤が残りにくい。手指から器材まで使用範囲は広いが、ノロウイルスに対する効果は低い。	消毒する力はアルコールより強く、特にノロウイルスに対しては、アルコールよりも適している。血液など有機物で働きが弱まる。	洗浄と消毒の 2 つの働きを持つ。手に入れやすい。
使用方法	介護施設では一般用医薬品・医薬部外品を使用することが多い。希釈せずに用いる。	用途に応じて希釈して使用する（p.17参照）。目や皮膚につかないよう注意する。	用途、使用する製品に応じて希釈する。

こんな使い方はNG

直接吹きかける

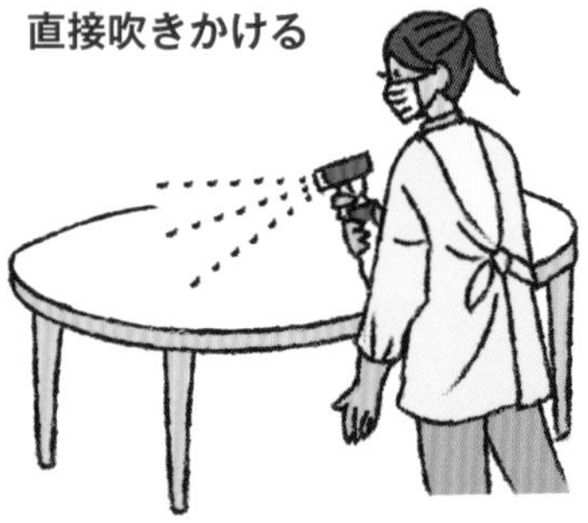

消毒したい場所に直接吹きかけても、適切に当たっているかわからず、効果が見込めません。また、吸い込むと危険です。

消毒対象が汚染されている

次亜塩素酸ナトリウムは、血液などの有機物が残ったままだと十分に消毒できません。基本的に洗浄してから消毒を。

日光の当たるところに置く

消毒用アルコールは直射日光の当たる場所に保管・設置すると、熱によって温まり、可燃性蒸気が発生し、大変危険です。

知っていますか？

滅菌・殺菌・消毒・除菌・抗菌の違い

「滅菌」「殺菌」「除菌」「抗菌」など、消毒と似たような言葉を耳にすることは多いと思います。それぞれに意味が異なっており、法律などで規定されているものとそうでないものがあります。それぞれの意味を理解して、適切な物品選びに役立てましょう。

滅菌
すべての菌（微生物やウイルスなど）を死滅させ除去する*

殺菌
細菌を死滅させる（程度は規定なし）

消毒
病原性微生物を殺滅・除去し、不活性化する

除菌
限られた空間の微生物を減らし、清浄度を高める

抗菌
細菌が増えるのを防ぐ

＊日本薬局方では「微生物の生存する確率が 100万分の 1 以下になること」をもって、滅菌と定義している。

次亜塩素酸ナトリウム消毒液は用途によって濃度が違います

次亜塩素酸ナトリウム消毒液は使用する直前に作ります。１回で使い切り、残った場合は廃棄します。

次亜塩素酸ナトリウム消毒液の作り方

※濃度約５％の市販の次亜塩素酸ナトリウム液（塩素系漂白剤）を使用。ペットボトルのふたは１杯約 5㎖。

0.02％溶液

用途　**食器などの漬け置き、トイレの便座やドアノブ、手すり、床などの消毒**

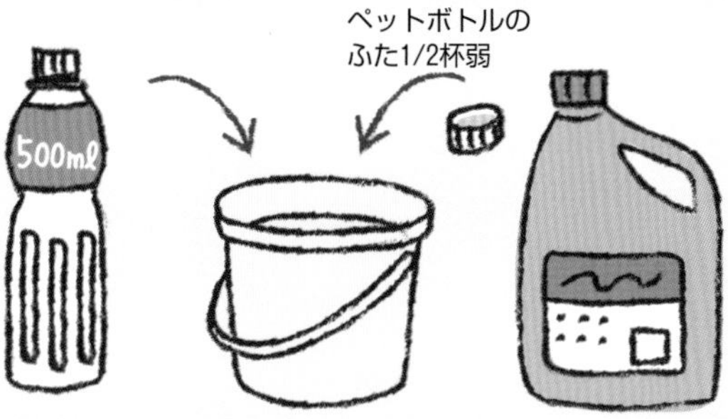

500㎖のペットボトル１本の水に２㎖（ペットボトルのふた1/2杯弱）の液剤を入れる

0.1％溶液

用途　**排泄物（便）や嘔吐物が付着した床などの消毒、衣類、リネンの漬け置き**

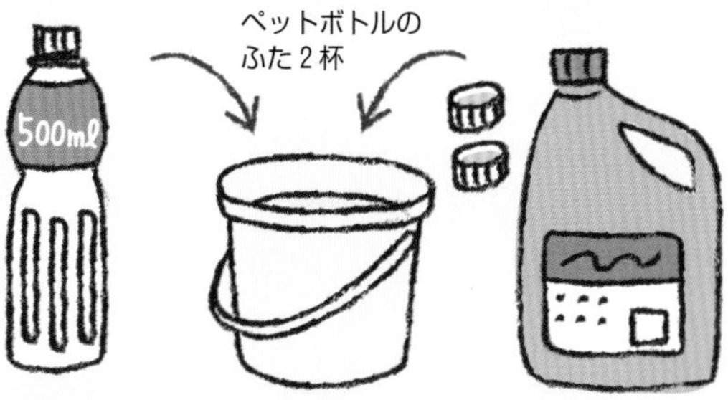

500㎖のペットボトル１本の水に10㎖（ペットボトルのふた２杯）の液剤を入れる

こんなことにも注意！

きちんと計量して作る

消毒液は決められた濃度で作るのが原則。きちんと計量して、正しく作るようにする。

ほかの物質と混ぜない

一部の酸素系漂白剤やクエン酸など酸性系のものと混ぜると、有毒な塩素ガスが発生し、大変危険。

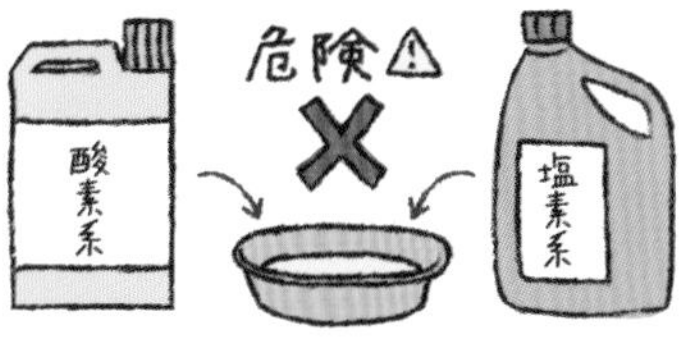

お湯は使用しない

40℃以上になると急速に分解が進行するため、お湯で希釈しない。消毒液にはそれぞれ効果的な温度がある。

手袋を着用する

皮膚への刺激が強いので、直接触れないよう樹脂製（ビニールなど）の手袋をつける。

換気をする

密閉された空間で使用すると、万一塩素ガスが発生した時に、浴びたり吸い込んだりする可能性も。必ず窓を開けて換気をする。

浸水時間を守る

既定の浸水時間を守らないと十分な消毒効果が得られないだけでなく、消毒対象を傷めることもある。

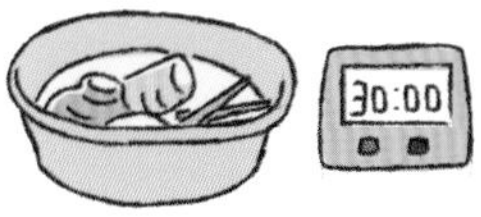

知っていますか？

「次亜塩素酸水」と「次亜塩素酸ナトリウム」の違い

次亜塩素酸水は「次亜塩素酸を主成分とする酸性の溶液」のこと。いくつかの製法があり、食品添加物（殺菌料）に指定されるものと、規格・基準がなく、さまざまな成分のものがあります。次亜塩素酸ナトリウムとは異なるもので、適切な使い方をすれば消毒効果がありますが、手指消毒や空間への噴霧は勧められません。

必ず身につけたい

感染予防対策④

環境衛生

こまめな清掃・消毒で病原体の除去を

施設内の清潔を保つことは感染予防において大変重要です。周囲の環境が要因となって病原体に感染することはまれですが、免疫力の弱い高齢者のために予防は欠かせないもの。日頃からの清掃・消毒で病原体を減少させ、感染を予防しましょう。

●清掃中は換気を

清掃によるほこりやちりに加え、病原体も舞うため、必ず窓を開けて換気をする。

●防護具を着用

手袋、ガウン・エプロン、マスクを着用し、手指や衣服の汚染、鼻や口腔へのほこりや病原体などの侵入を防ぐ。

●使用した清掃道具は十分洗浄を

使用した雑巾やモップはよく洗浄し、完全に乾燥させる。不衛生な清掃道具は二次感染の原因に。

拭き方のルール

雑巾やモップは往復させない

清潔な面から不潔な面に向かって拭く

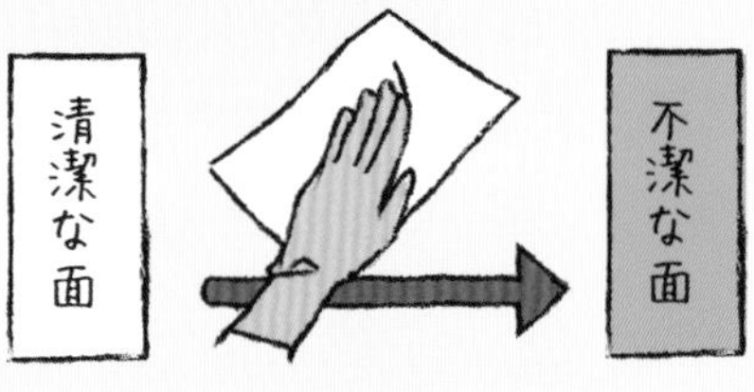

清潔な面
不潔な面

比較的清潔な上部から汚染しがちな下部へと拭く

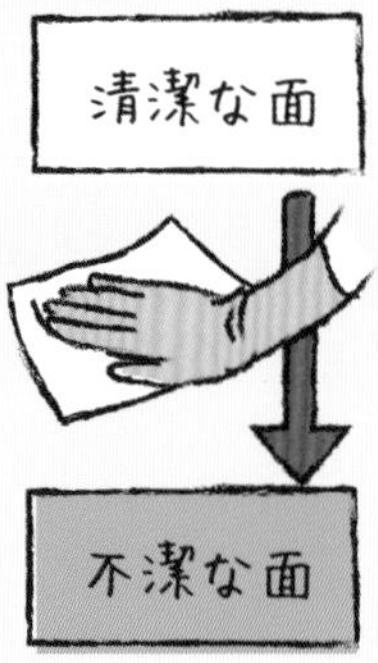

清潔な面
不潔な面

同じ場所を往復させず、S字を描くように拭く

室内の清掃

ゾーニングして頻度を決める

施設内や居室内は、場所によって汚染の度合いが異なります。度合いに応じてゾーニング（区域分け）し、清掃の頻度を決めます。さらにマニュアルなどによって手順や場所を決めておき、だれでも確実に実施できるようにしましょう。

薬剤によって拭き方は異なる

アルコールの場合：乾いた清潔な布にスプレーで吹きかけて、表面を強く拭き、しっかり乾かす。

次亜塩素酸ナトリウム液の場合：0.02%溶液を清潔な布に浸み込ませて拭き、10分程度置いてから水拭きする。

清掃のポイント

- 部屋の奥から入り口に向かって行う。
- 手でよく触れる場所はアルコールによる消毒を重点的に行う。
- 下痢が確認される場合は、感染症を疑い、次亜塩素酸ナトリウムによる消毒を行う。

よく手が触れる場所

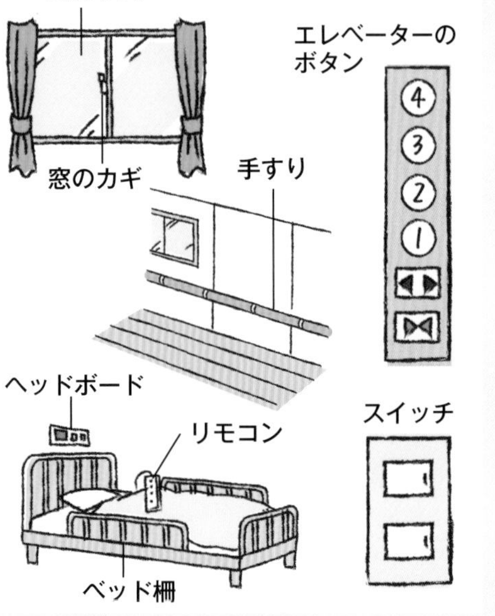

窓ガラス
エレベーターのボタン
窓のカギ
手すり
ヘッドボード
リモコン
スイッチ
ベッド柵

水回りの清掃

トイレ

排泄物などによって汚染されやすいため、共用の場合は特に念入りな清掃が必要です。便器やその周囲は、ノロウイルスなどによる感染性胃腸炎の感染をもたらす場所にもなり、消毒が必要になることがあります。

清掃のポイント

- ドアノブや手すり、水洗レバー、便座はアルコールによる消毒を。
- 下痢が確認される場合は、感染症を疑い、次亜塩素酸ナトリウムによる消毒を行う。
- 排泄物や嘔吐物は素早く清掃・消毒する。

汚染されやすい場所

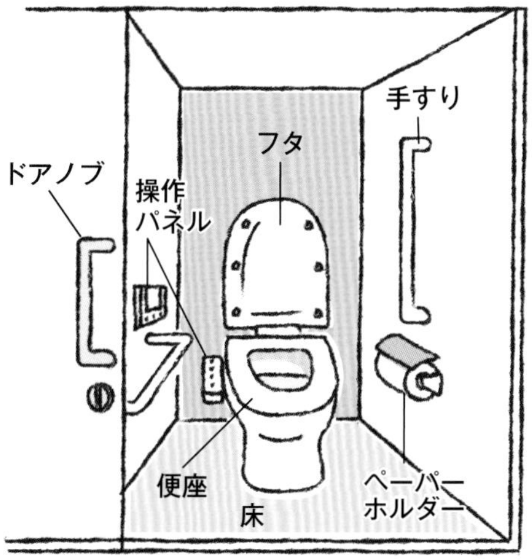
手すり
フタ
ドアノブ
操作
パネル
便座
床
ペーパー
ホルダー

トイレを利用した人の手指が触れる場所は特に汚染されやすいので、1日1回以上の清掃が必要。

浴室

高温・高湿度にさらされる浴室は、カビが発生しやすい場所。取り除かないでいると、肺炎や感染症を発症するリスクが高くなります。カビの栄養分となる人の垢や、水垢、ぬめりなどもしっかり清掃しましょう。清掃後は水分を拭き取り、乾燥させることも大切です。脱衣所の清掃も忘れずに。

清掃のポイント

- 浴室用洗剤とスポンジで洗浄後、十分に水洗いを。
- 残った水分は清潔な布で拭き取る。
- マットや浴室チェアはしっかり乾燥させる。

洗浄後は十分に乾燥させる

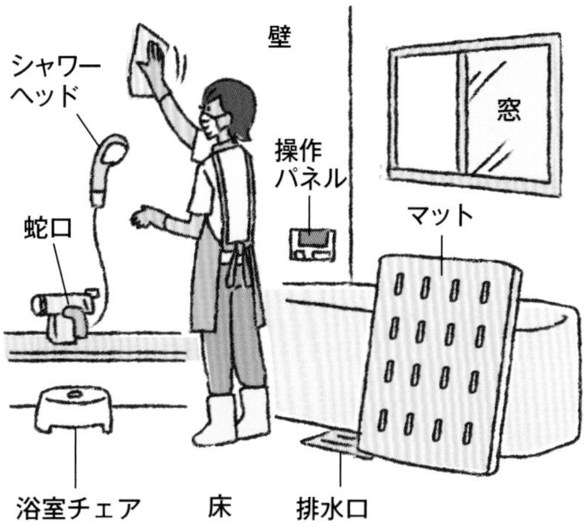
壁
シャワー
ヘッド
窓
操作
パネル
蛇口
マット
浴室チェア
床
排水口

洗浄後の乾燥が不十分だと微生物が繁殖することも。浴槽やマットなどの用具類のほか、壁や天井も水滴を拭き取る。

洗面台

洗面台の周囲は、飛び散った水道水で濡れたり、口をすすいで汚染した水が飛びはねたりするため、こまめに清掃するようにします。洗面台の周囲にコップや歯ブラシ、ペーパータオルなどを置くと汚染される恐れがあるため、設置場所を検討しましょう。

清掃のポイント

- 使用後は、そのつど水滴を拭き取る。
- 汚染リスクが高い蛇口や水道栓は、1日1回程度、浴室用洗剤を用いて清掃する。

洗面台周りのケアグッズに注意！

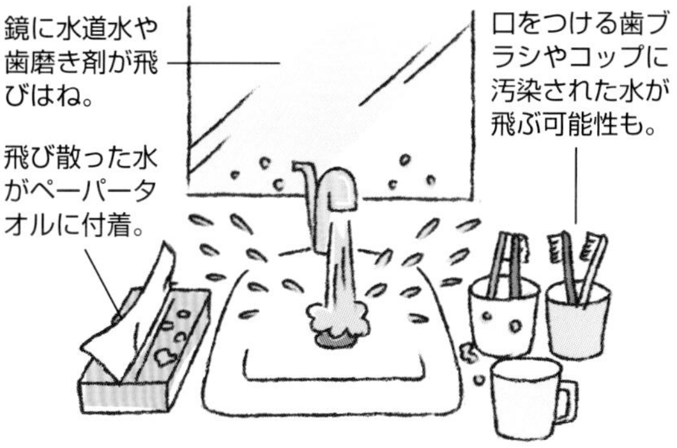
鏡に水道水や
歯磨き剤が飛
びはね。
口をつける歯ブ
ラシやコップに
汚染された水が
飛ぶ可能性も。
飛び散った水
がペーパータ
オルに付着。

手洗い時やうがい時、水は広範囲に飛び散るもの。また、手洗い時には病原体が付着する可能性も。共用の洗面台だけでなく、個人の居室でも注意が必要。

必ず身につけたい

感染予防対策 ⑤

嘔吐物の処理

突然の事態に備え、事前に準備を

嘔吐や下痢による汚染は急に起こることも多いですが、あわてることなく、素早く適切に対応し、汚染を拡大させないようにしましょう。特に介護者は汚染される可能性が高いので、必ず個人防護具を身につけます。

こんな対応をしていませんか？

防護をつけずに駆け寄る

個人防護具をつけずに嘔吐物の処理にあたると、介護者が汚染される可能性があります。

あっ

処理用セットを準備していない

あらかじめ個人防護具や必要物品を準備しておかないと、対応・処理が遅れてしまいます。

消毒薬と
手袋と
……あと
何だっけ？

処理用セットを常備しておこう

急な対応が求められる時を想定して、使用する物品などを準備し、決められた場所に置いておきましょう。

使い捨て手袋

3セット以上

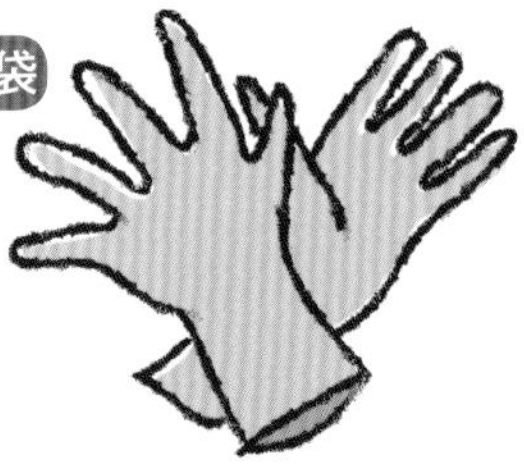

ガウン

またはエプロン。
使い捨てのものもある

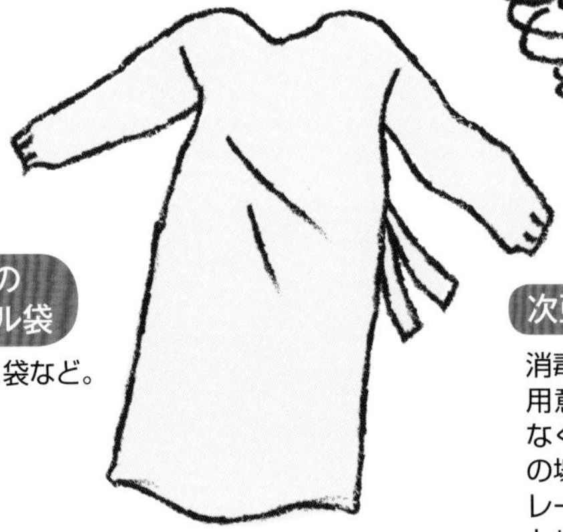

使い捨てマスク

3枚以上

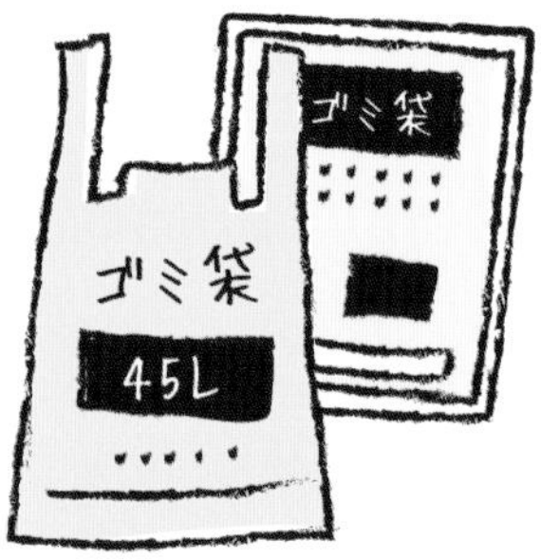

ゴミ袋
45L
ゴミ袋

大きめのビニール袋

45Lのゴミ袋など。
2枚以上

次亜塩素酸ナトリウム

消毒用に濃度5％のものを用意（薄めておくと効果がなくなるので、消毒液はその場で作る）。市販の泡スプレータイプの次亜塩素酸ナトリウム液でもOK。

ペーパータオル

またはディスポクロスや新聞紙など

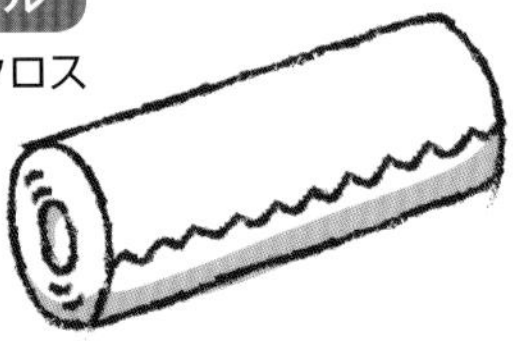

希釈用ポット（1L以上）

500ml

500mlのペットボトル

●ふたつき容器に入れて管理

処理用セットは各階に設置を。
場所は固定し、全職員に周知する。

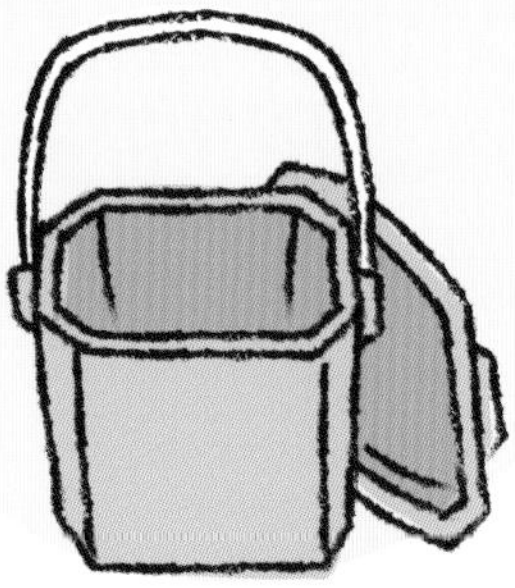

あるとさらにGOOD!

- ゴーグル、ヘッドキャップ、シューズカバー
- 消臭スプレー
- 利用者・介護者の着替えや替えの靴

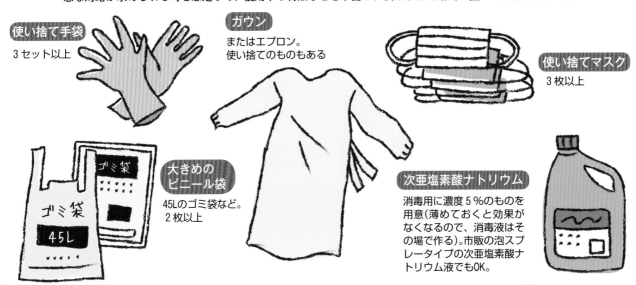

嘔吐物の処理手順

嘔吐物は乾燥すると、ちりのように舞い上がることもあります。
汚染を拡大させないために素早く対処しましょう。

1 ほかの介護者を呼ぶ

- 同時に処理用セットを持ってきてもらう。
- 嘔吐した利用者を早急にほかの利用者から離し、脱いだ衣類はビニール袋に入れ、汚物処理室へ。

2 汚染ゾーンを決定する

- 汚染ゾーンは嘔吐物の中心から半径 2 メートルと考える。
- 汚染ゾーンの中に入るのは処理する介護者のみとする。

3 処理準備をする

❶ 換気をして個人防護具を装着する。

❷ 消毒液(0.1%次亜塩素酸ナトリウム溶液)を作る。→p.17参照

❸ ビニール袋の口を外側に折り返し、広げておく。

❹ ペーパータオルは水で濡らす。

4 嘔吐物を処理する

❶ 濡らしたペーパータオルを嘔吐物にかける。

❷ 外側から内側に向かってペーパータオルで拭く。

ほかの介護者に、
手順を読み上げてもらう

5 嘔吐物を密閉する

❶ 拭き取ったペーパータオルをビニール袋に入れ、口をしばる。

❷ ❶の袋をさらにビニール袋に入れ、はずした手袋も入れる。

❸ 手指衛生をして、新しい手袋をつける。

嘔吐物を拭いたペーパータオルは内側のビニール袋に密閉

6 汚染ゾーンを清拭《せいしき》する

- 嘔吐物を中心に半径 2 メートルの範囲とその中にある物品を消毒液で確実に清拭する。
- 衣服やガウンの裾が床につかないように注意する。

7 個人防護具をはずす →p.11 参照

❶ 清拭に使用したペーパータオルをビニール袋に入れ、手袋、ガウンもはずしてビニール袋に入れる。

❷ 手指衛生のあと、再度手袋をつけ、外側の袋の口をしばって廃棄する。

❸ 手袋をはずして廃棄し、手指衛生。マスクも同様にする。

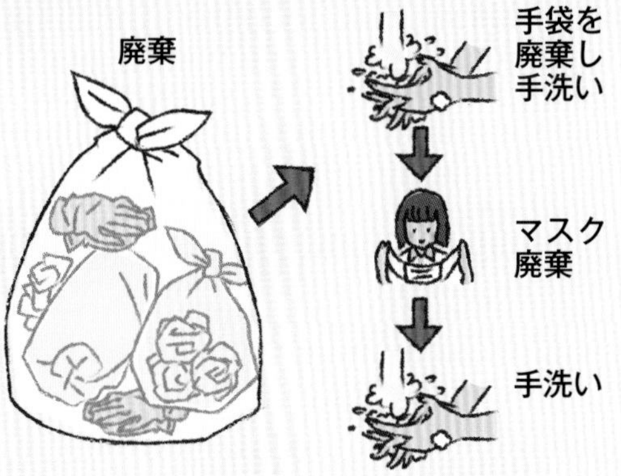
廃棄
手袋を
廃棄し
手洗い
マスク
廃棄
手洗い

必ず身につけたい

感染予防対策 ⑥

リネンの処理

使用済みリネンは、汚染されたものとして扱う

使用後のシーツ、枕カバー、タオル類などのリネンは、見た目が汚れていなくても汚染されていると考える必要があります。常に「標準予防策」を念頭に置いて、適切な取り扱いと洗浄を行い、感染を予防しましょう。

回収・運搬時の対策

●手袋、ガウン・エプロン、マスクをつける

●肌に接していた面を内側にしてリネンをまとめる

排泄物・嘔吐物・血液などがついていたら……

周囲の環境への汚染を防ぐため、ビニール袋に入れて密封し、ひとまずランドリーバッグに入れます。

●種類別のランドリーバッグ（水を通さないもの）に直接分別する

回収したリネンは室内で分別せず、廊下などに置いたランドリーバッグへすぐに入れる。

●使用済みリネンが周囲の物品や環境に触れないように取り扱う

こんな方法はNG

床に置く

リネンに付着している病原体が、床やベッドの周囲に伝播する可能性があります。

ランドリーバッグからあふれている

運搬中に、使用済みリネンが周囲に触れたり、床に落ちたりする恐れがあります。

清潔なリネンと同じ部屋に保管する

清潔なリネンと使用済みリネンの保管場所が同じ空間では、いくら離れていても、汚染させてしまう可能性はゼロではありません。

交換時の対策

- 手指衛生を済ませてからリネンを扱う。手袋、ガウン・エプロン、マスクを装着
- 清潔なリネンにはカバーをかけ、使用済みリネンとは別のカートで運ぶ
- 利用者ごとに手袋（汚染がひどければガウン・エプロンも）を交換する

こんな方法は NG

脇に抱えて移動する

清潔なリネンが、介護者の衣服などに長く触れると、汚染される恐れがあります。

交換前に手すりにかける

手すりは多くの人が触れて汚染度が高いので、そこにかけると交換前の清潔なリネンが汚染されてしまいます。

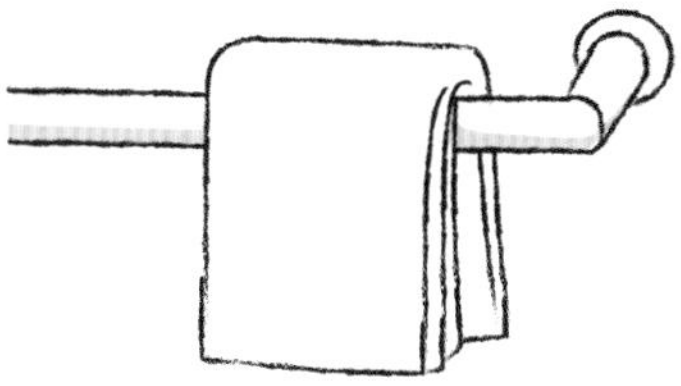

カバーをかけずに、廊下のカートに山積みにしておく

廊下はさまざまな人が往き来し、ほこりや接触によりリネンが汚染される可能性があります。また、山積みにすると崩れて床に落ち、汚染されることも。

リネンの洗濯・保管の仕方

感染症が疑われる場合は、次の２つの方法のいずれかで行うことが推奨されています。

●熱水洗濯機を使用する

専用の洗濯機で80℃以上の熱水で10分間以上洗濯し、乾燥させる。

●次亜塩素酸ナトリウム液に浸漬する

0.1%次亜塩素酸ナトリウム液に30分以上漬け置いてから洗濯し、乾燥させる。

排泄物などのついたリネンの洗濯は業者へ

排泄物や血液が付着したリネンは、洗濯やつまみ洗いなどせずに業者に頼みましょう。施設内で安全に洗浄するスペースを確保するのは困難です。

こんなことにも注意！

ほこりから守る保管を

洗濯・乾燥されたリネン類は、清潔を保つことが大切です。周囲のほこりやちりなどで汚染されないよう、扉のついた保管庫か専用のキャビネットで保管しましょう。

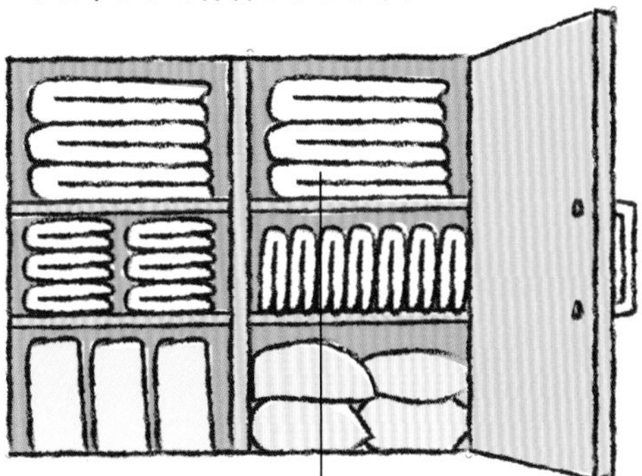

清潔なリネンはほこりやちりを避け、床から離れた棚の上部に保管する。ケア用品やクッションなどは棚の下のほうに置き、混在しないようにする。

必ず身につけたい

感染予防対策⑦

換気

換気の悪い空間は感染リスクが高くなる

新型コロナウイルス感染症に対する予防策にも挙げられる換気は、居室、食堂、休憩室など人が集まる空間で特に必要とされます。換気は、空調が整備されていなくても、窓を開けること（開窓）で可能なので、しっかり行っていきましょう。

開窓で空気の流れをつくり、換気を行う

施設の構造などにより開窓が難しい環境でも、工夫をして定期的に行うことが大切です。居室で使用しているエアコンが家庭用の場合、空気は循環するだけで基本的に換気は行われません。そのため、開窓が必要になります。

換気のポイント

- 2方向以上の窓を開け、空気の流れをつくる。
- 窓が1方向のみの場合、ドアやほかの部屋の窓を開ける。
- 1時間に1回、10分程度行う（日中）。

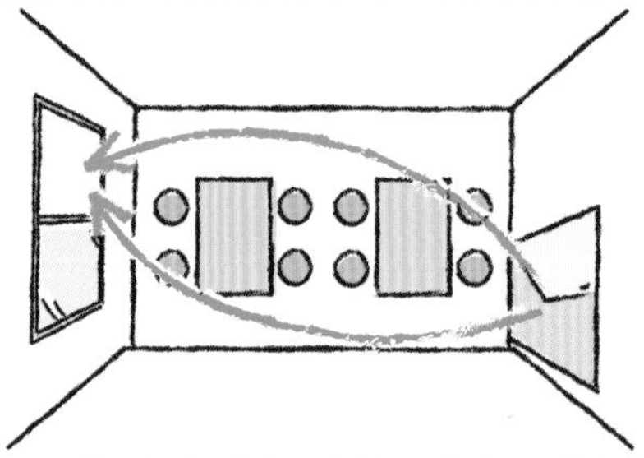

○ **よい例**

窓のほか、ドアを開けて2方向の開口部を確保。また、窓とドアが対角線上にあるため、効率よく換気ができる。

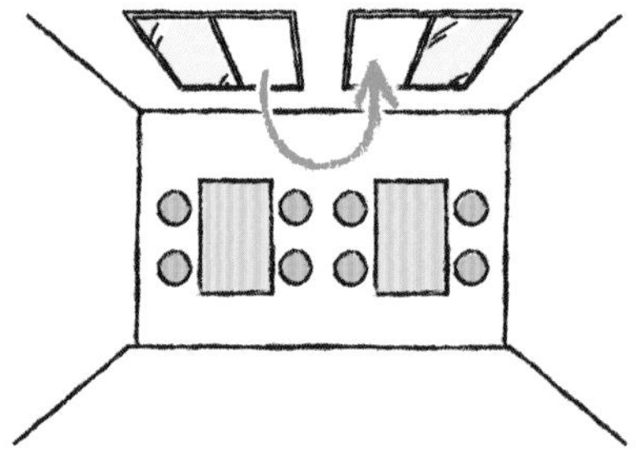

× **悪い例**

近接した窓を2か所開けても、狭い範囲で空気が循環するため、換気効率が悪い。

冷・暖房使用時の換気対策

夏　扇風機を併用して効果的に素早く換気する

短時間で換気できるよう、扇風機を窓側へ向けて風の流れをつくります。開窓後は室温をこまめに調整し、適温に戻します。

冬　窓の開け方を工夫し、短時間でも換気を

利用者に冷たい外気が直接当たらないよう、窓を開ける場所を変えるなどして、短時間の換気を行います。

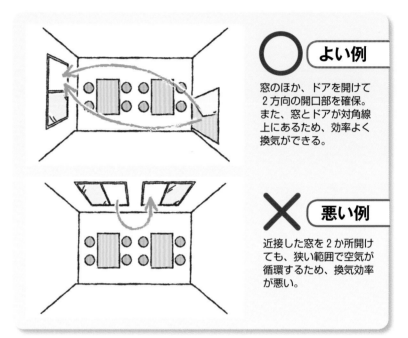

介護者の健康管理

介護施設内では、介護者が媒介となって感染を拡げてしまう恐れがあります。これを防ぐためには、施設内全体での感染予防対策はもとより、「介護者自身が感染しない」「感染症を持ち込まない」ことが重要です。

感染しないことで利用者を守る

入所施設の場合、外部と接触を持つのは主に介護者（職員）です。つまり、感染症の侵入を防ぐのも、利用者を感染症から守るのも介護者ということになります。そのためには、取引業者や面会者による病原体の持ち込みを防ぐ仕組みの工夫も大切ですが、介護者が感染しない、させないために自らの健康を管理することが何よりも必要なのです。

具体的には定期健康診断の受診やワクチン接種がありますが、感染を拡げないための日常的な心構えも大切です。

通所施設の場合は、利用者の健康チェックと観察も重要です。利用者の家族が感染した場合は、通所を控えてもらうといった判断をします。

日常の行動にも目を向けよう

介護者（職員）のみが日常的に利用する休憩室や事務室などでの行動にも注意しなければなりません。複数人で1つの器から食べ物をつまんだり、私物を出したままにしておいたりすることが、感染につながる場合があります。

また、施設外の行動においても感染リスクの多い環境・状況は避けるようにします。コロナ禍における三密（密閉・密集・密接）がこれにあたり、そうした場所には足を運ばないよう心がけましょう。たとえプライベートであっても、利用者を守るというプロ意識を持ちたいものです。

介護者の主な健康管理

- 定期健康診断をきちんと受診する。
- 適切な時期にワクチン（インフルエンザ、Ｂ型肝炎、麻疹、風疹、水痘、流行性耳下腺炎）の予防接種を受ける。
- 体調に感染の兆候を感じたら、上司に連絡し、勤務を休む。家族に感染者が出た場合も同様に。

感染の原因になる行為

目・鼻・口など顔に触れる

目・鼻・口は粘膜が外に出ている部分で直接感染の危険性があります。手で顔や目に触れたり、髪をかき上げたりすることは避けます。

料理やお菓子をみんなで食べる

休憩中などに差し入れの料理や個別包装ではないお菓子を、複数人が直接、箸や手で食べることは、感染の原因となります。特にポテトチップスなど、手や指をなめながら食べることになる食品は避けましょう。

冷蔵庫に開封した食品を放置する

冷蔵庫の中であっても、開封した食べ物や飲み物の放置はやめましょう。飲み口がほかの人の手に触れたり、食中毒が発生したりすることもあります。

感染を防ぐ ケアの基本

介護施設での日常のケアには、常に感染のリスクが潜んでいます。正しいケアで利用者、介護者双方の安全を守りましょう。

イラスト／さいとうかこみ

入浴ケア

入浴ケアは、利用者の皮膚に直接触れるため、感染のリスクも高くなります。また、排泄物に汚染された部位を触ることもあります。細心の注意を払ってケアをしましょう。

ケアの基本

- 自分の手に傷がないか確認。
- 利用者の体に触れる前に手指衛生。
- 手袋は常時着用が基本。無理なら傷や排泄物に触れる時に着用。
- タオルの使い回しは厳禁。足拭きマットも個人用が望ましい。

ケアのポイント

傷や排泄物に汚染された部位を触る時は手袋を着用

入浴ケアは、常に手袋を着用し、利用者ごとに交換するのが基本とされていますが、水や石けんで滑りやすくなるため、手袋をしたままのケアは現実的に難しい側面があります。利用者の傷や赤くなっている部位、排泄物で汚染された部位に触る時は、必ず手袋を着用しましょう。

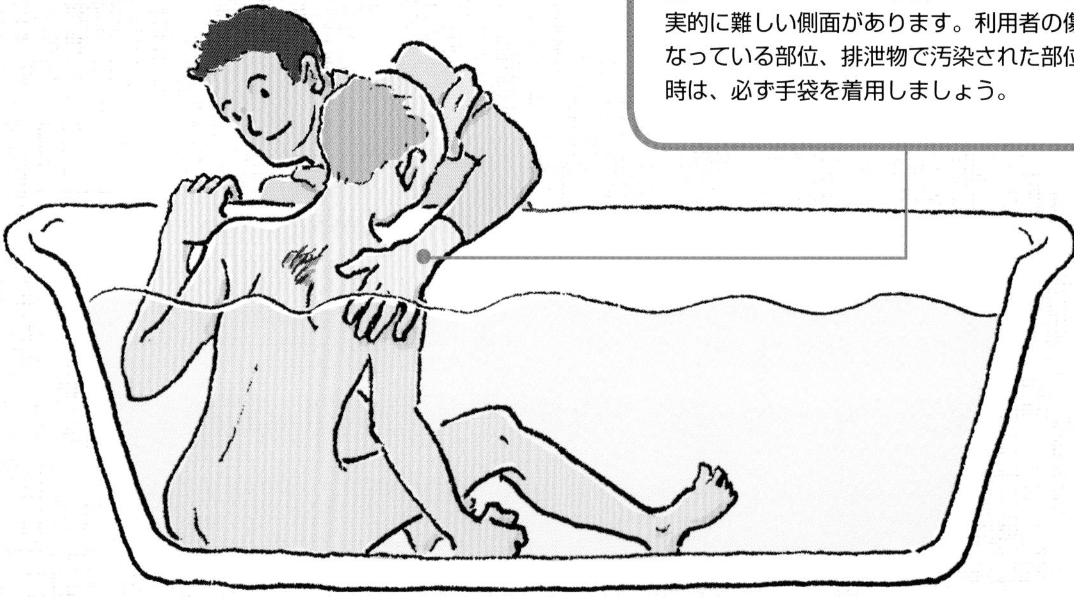

こんなことにも注意！

絆創膏《ばんそうこう》を貼った手でケアをするのは×

介護者の手に傷がある場合、絆創膏を貼っていても双方に何らかの菌に感染する危険があります。必ず手袋を着用しましょう。

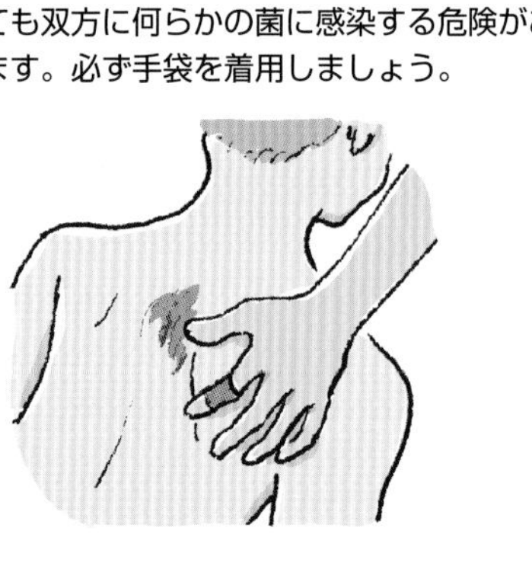

保湿クリームや軟膏塗布の前後は手指衛生

入浴後に利用者に保湿クリームや軟膏を塗る際は、前後に手指衛生を。特に、塗布後は石けんで薬剤をきれいに洗い流します。

疥癬《かいせん》が見られる利用者は最後に入浴を

疥癬や水虫などの疾患がある利用者は別室でのケアが基本。無理な場合はシャワーか、入浴の順番を最後にします。足拭きマットも必ず交換します。

排泄ケア

便や尿に触れる可能性があるため、感染のリスクも高くなります。特に、下痢が見られる利用者のケアには注意が必要です。

ケアの基本

- 清潔担当と不潔担当、２人１組で行う。
- ケアの前後に手指衛生。
- マスク、手袋、エプロン、ゴーグルを着用。
- 利用者ごとに防護具を交換。難しい場合は手袋、エプロンを毎回交換。
- 下痢が見られたら上司や看護職に報告。

ケアのポイント

必ずマスク、手袋、エプロン、ゴーグルを着用

便や尿、汚染された洗浄水が飛び散ることがあるので、必ずマスク、手袋、エプロン、ゴーグルを着用します。
１人のケアが終わるごとにすべて取り替えるのが理想ですが、難しい場合は手袋とエプロンを毎回替えます。

清潔担当

新しいおむつを当てます。排泄物や汚染された環境に触れないように注意します。

不潔担当

排泄物の処理や陰部洗浄ボトルで排泄物に汚染された部位の洗浄を行います。

１人で行う場合は……

不潔処置が終わったら手袋を交換し、手指衛生をしてから新しい手袋を装着しておむつを当てます。

こんなことにも注意！

汚染された手でベッドなどを触るのは×

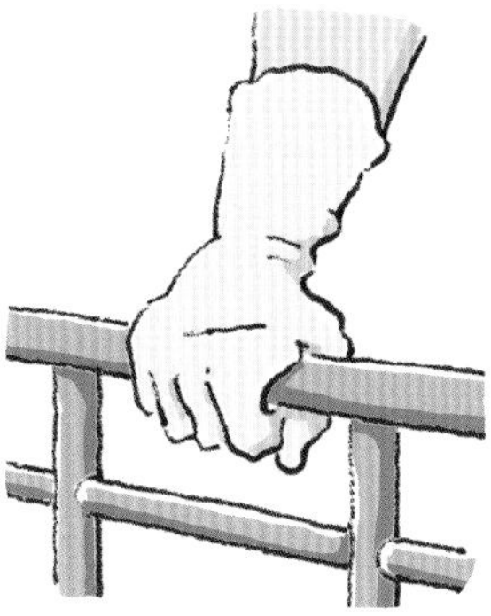

ケア中は周囲の環境に触れないように注意します。また、汚染された防護服で施設内を歩き回るのも×。その場を離れる時は手袋、エプロンをはずします。

陰部洗浄ボトルの使い回しは×

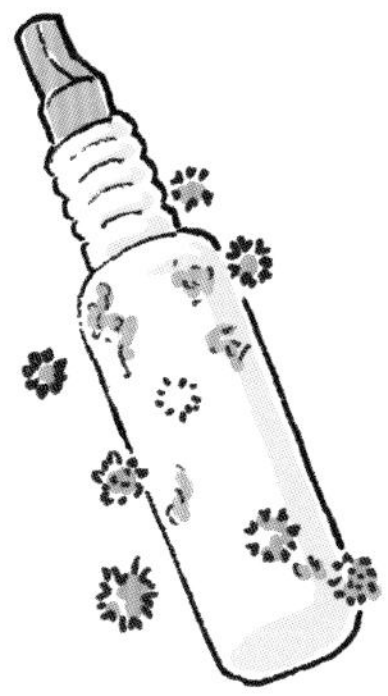

陰部洗浄ボトルは、排泄物や汚染された水が飛び散って付着する恐れがあるので、１人の利用者に対し、１本用意します。使用後は塩素系漂白剤で消毒し、乾燥させます。

口腔ケア

口腔内の細菌が唾液や痰に混じって飛び散る恐れがあるため、きちんとした対策を行う必要があります。

ケアのポイント

必ず利用者の横顔側からケア

介護者は利用者の口を横から見る位置に立ちます。真正面からケアをすると、利用者が咳やくしゃみをした時に、飛沫が直接かかる恐れがあります。

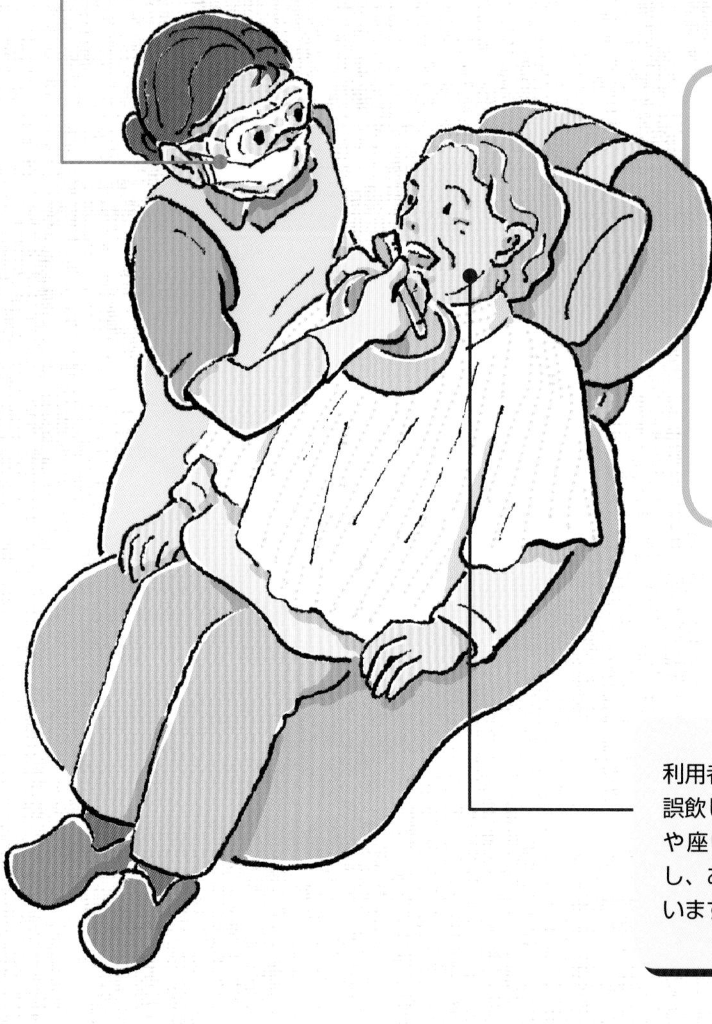

ケアの基本

- ケアの前後に手指衛生。
- マスク、手袋、エプロン、ゴーグルを着用。
- 利用者ごとに手袋、エプロンを交換。
- 利用者がうがい水や唾液を誤飲しないよう体勢を整える。
- ケアは利用者の横顔側から。
- コップやうがい受けなどは利用者ごとに用意。

利用者がうがい水や唾液を誤飲しないように、ベッドや座いすの上半身を起こし、あごを引いた姿勢で行います。

こんなことにも注意！

使用後のコップは必ず消毒を

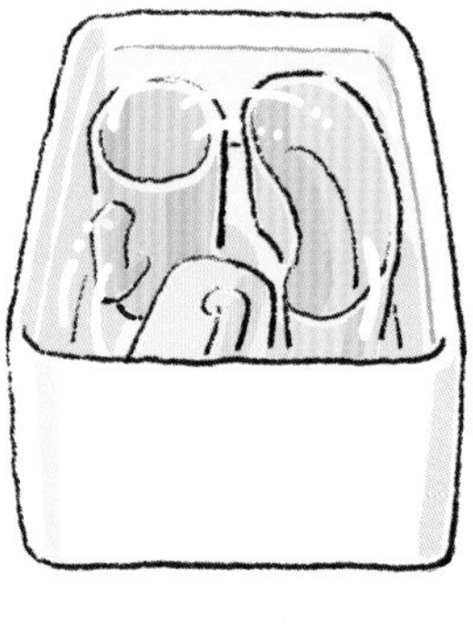

コップやうがい受けは、洗うだけでは菌を死滅させることはできません。必ず塩素系漂白剤で消毒し、乾燥させます。消毒・乾燥時は、重ねないように注意。

歯ブラシを密集させて保管するのは×

別の利用者の歯ブラシが接すると、感染が広がる恐れがあります。必ず個別に保管し、ブラシを上にして乾燥させます。

傷のケア

血液に直接触れるリスクがあります。少量の出血でも、感染予防策を講じたケアを行いましょう。

ケアの基本

- 手袋、エプロンを着用。
- 利用者ごとに防護具を交換。

ケアのポイント

必ず手袋、エプロンをつけてからケアを

介護者の手にも傷があると、お互いに感染のリスクが高まります。小さな傷だから、少量の出血だからといって油断せず、必ず手袋とエプロンを着用して手当てをしましょう。

こんなことにも注意！

利用者の鼻血を素手で押さえるのは×

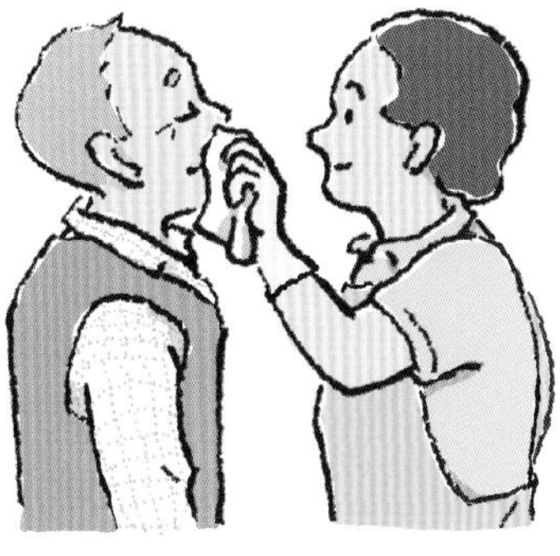

突然の出血にあわてて介護者がティッシュで押さえがちですが、利用者の血液が手に付着するリスクも。まずは利用者にティッシュを渡して押さえてもらい、介護者が手袋などをつけてから落ち着いて手当てをしましょう。

血液や膿《うみ》がついたガーゼをそのままゴミ箱に捨てない

血液などがついたティッシュやガーゼを、そのままゴミ箱に捨てると、回収時に職員が直接触れる危険があります。手袋をつけた手でビニール袋に入れて口をしばり、医療廃棄物専用容器に捨てましょう。

感染症発生時の対応

「日頃の備え」と「迅速な初動対応」で感染拡大を防ぐ！

どんなに万全な対策を行っても、感染症が発生してしまうことはあります。感染拡大を防ぐには、日頃の入念な準備と、速やかに初動対応を行うことが不可欠です。

監修／高橋好美
特別養護老人ホームレジデンシャル常盤台統括施設長。看護師、社会福祉士、介護支援専門員の資格を取得。

感染対策委員会の主導により対策を実施

感染症が発生した際、あわてず適切に対応するには、日頃から感染管理体制を整えておくなどの準備が肝要です。その柱となるのが「感染対策委員会」。厚生労働省でも、介護施設で実施すべき感染予防対策の1つとして、感染対策委員会の設置を定めています（基準省令第27条3[注1]）。

主な役割は、「感染対策の方針や計画を定め実践する」「感染症発生時に指揮をとる」こと。感染対策委員会は、ほかの委員会と独立して設置・運営し、定期的な開催に加え、感染症が発生しやすい時期などは随時開催することが必要です。また、さまざまな視点で検討するため、委員会のメンバーは幅広い職種で構成することとされています（上記参照）。

なかには、このような体制を整えることが人員不足などの問題から難しい事業所もあるかもしれません。しかし、施設全体の状況を把握し、感染対策を主導する委員会の役割はきわめて重要。感染拡大を防ぐうえでも、可能な限り整備することが求められます。

万一、感染症が発生した場合や疑われる状況が発生した場合には、下記のような対応を行います。迅速かつ的確な初動対応が感染拡大を防ぐカギとなります（対応の内容と流れは31ページ参照）。

感染対策委員会のメンバー構成例
施設長
施設全体の管理責任者
事務長
事務関連
医師
医療・治療面
介護職員
介護面
看護職員
医療・看護面
生活相談員
相談対応
栄養士
栄養管理

メンバーは役割分担を明確にし、専任の感染対策担当者を決めておく必要がある。

感染症発生時に行うべき対応

● 発生状況の把握	感染症が発生した場合や疑われる状況が発生した場合に、症状のある利用者の状況と対応を記録。
● 感染拡大の防止	手指衛生や嘔吐物・排泄物の適切な処理の徹底、発症者の隔離など感染拡大防止策を行う。
● 医療処置	職員は、感染者の症状緩和などのため医師に連絡し、指示を仰ぐ。必要に応じて医療機関などへ移送。
● 行政への報告	施設長は、発生状況が報告条件（p.31）を満たす場合、所管部局および保健所へ報告する。
● 関係機関との連携	施設長は配置医、協力機関の医師、保健所などへの連絡のほか、職員への周知、家族への情報提供を行う。

（注1）「基準省令」とは「指定介護老人福祉施設の人員、設備及び運営に関する基準」（平成11年厚生省令第39号）のこと。「介護老人保健施設の人員、施設及び設備並びに運営に関する基準」（平成11年厚生省令第40号）にも同じ内容の規定あり。

感染症発生時の基本的な対応

施設内で感染症や食中毒が発生した場合、またはそれと疑われる事例が発生した場合は、感染の拡大を防止するため、以下の対応をします。

施設　　［観察・連絡・依頼・報告］　　［処置・対応］

職員

症状の確認

- 発熱、嘔吐、下痢、咳、皮膚の異常などの確認
- 2～3日前からの記録も確認

報告↓ ↑依頼

感染対策担当職員

ほかの利用者で、症状のある者の発生状況の確認をするとともに、施設全体における状況を把握・記録

- 日時、階・ユニット・部屋ごとの発症人数や症状の確認
- 医療機関を受診した場合は、診断名・検査結果・治療内容を把握
- 平時の有症者数（発熱や嘔吐などの症状）の把握
- 職員の健康状態の把握

報告↓ ↑依頼

施設長

施設全体における発生状況を把握

次のような場合、市町村などの所管部局に報告が必要。あわせて、保健所にも報告し、対応の指示を求める

（報告条件）

ア 同一の感染症や食中毒による、またはそれらが疑われる死亡者・重篤患者が1週間以内に2名以上発生した場合

イ 同一の感染症や食中毒による、またはそれらが疑われる者が10名以上、または全利用者の半数以上発生した場合

ウ 通常の発生動向を上回る感染症などの発生が疑われ、特に施設長が報告を必要と認めた場合

（報告すべきこと）
人数・症状・対応状況など

施設長 ⇔ 看護職員・配置医師：報告・依頼

看護職員　配置医師

- 診察・医療処置
- 検体（血液・便・嘔吐物など）の確保

看護職員・配置医師 → 看護職員：依頼

看護職員

（医師の指示により）

- 症状に応じた看護を実施
- 感染拡大防止策を実施

看護職員・配置医師 → 介護職員など：依頼

介護職員など

（医師の指示により）

- 症状に応じたケアを実施
- 手指衛生、嘔吐物・排泄物などの適切な処理など、消毒や衛生管理などの徹底
- 必要に応じて、感染した利用者の隔離などを行う
- 利用者に手洗いを促す
- 自分自身の健康管理を徹底

看護職員・配置医師 ⇔ 協力病院など：連携

協力病院など

施設長 → 利用者の家族：連絡

利用者の家族

施設長 → 市町村などの所管部局：報告

市町村などの所管部局

施設長 → 保健所：報告

保健所

保健所 → 看護職員・配置医師：調査・指導

出典：厚生労働省「高齢者介護施設における感染対策マニュアル改訂版」（2019年3月）を一部改変

　イラスト／ホンマヨウヘイ

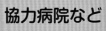

どうしたらいい？

新型コロナウイルス感染症への対応

新型コロナウイルスに感染した人への対応は、現状ではそのほかの感染症の場合と異なります。対応の流れを確認しておきましょう。

利用者の感染が疑われる場合

感染が疑われたら

↓

医療機関・受診相談センターへ連絡　PCR検査などの実施

診断が確定するまでのあいだ、施設において感染拡大の防止に努める

→ **センター連絡後、症状次第で入院**

↓

感染拡大を防止するためのケア

1 職員も分けて対応

感染が疑われる利用者とそのほかの利用者の介護にあたっては、可能な限り職員も分けて対応する。このような利用者のケアには必ず使い捨て手袋と、サージカルマスク、ガウンなどを用いる。

2 防護服の着用

飛沫感染のリスクがある場合は、必要に応じてゴーグル、フェイスシールドなどを着用する。

3 個室へ移動

感染が疑われる利用者を個室に移動する。

●**個室管理ができない場合は……**

症状のない濃厚接触者を同室とする。濃厚接触者にマスクを着用してもらい、「ベッドの間隔を2ｍ以上あける」または「ベッド間をカーテンで仕切る」などの対応を実施する。

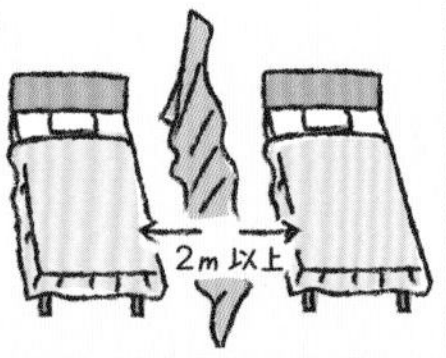

4 換気を十分に

部屋の換気を1、2時間ごとに5～10分間行う（共用スペースも）。

5 体温計は専用に

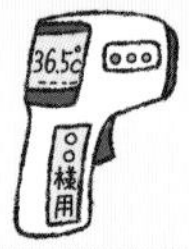

体温計は可能な限り、その利用者専用とする。ほかの利用者にも使う場合は、消毒用エタノールで清拭する。

6 ドアノブなどは清拭

トイレのドアノブや取っ手などは消毒用エタノールで清拭する。または、次亜塩素酸ナトリウム液で清拭後、水拭き、乾燥させる。

7 手指衛生を徹底

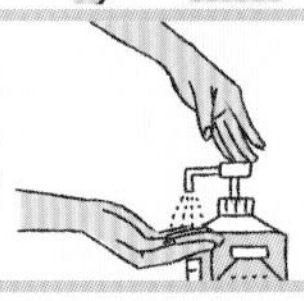

やむなく同室となる濃厚接触者が部屋を出る時はマスクを着用し、手洗い、アルコール消毒による手指衛生を徹底する。

8 記録を準備

感染者が発生した場合に、積極的疫学調査[注1]の協力の観点から、症状出現2日前の接触者リスト、利用者のケア記録、直近2週間の勤務表、施設に出入りした者などの記録を準備しておく。

9 リハビリやマッサージは実施しない

濃厚接触者は、リハビリやクラブ活動などは行わない。症状のない者は手指消毒を徹底し、職員は適切な感染防護を行ったうえで、個室またはベッドサイドで実施可。

食事の提供

- 食事介助は原則個室。
- 食事前に利用者には液体石けんによる手洗いや手指消毒を実施。
- 使い捨て容器を用いるか、濃厚接触が疑われる利用者の容器と分けたうえで、熱水洗浄が可能な自動食器洗浄機を使用。
- まな板、ふきんは洗剤で十分洗って熱水消毒するか、次亜塩素酸ナトリウム液に浸漬後、洗浄する。

排泄介助

- 利用するトイレの空間は分ける。
- おむつ交換の際は、手袋、使い捨てエプロンを着用。1人ごとに交換する。
- おむつは感染性廃棄物として処理を行う。[注2]

清拭・入浴の介助

- 介助が必要な場合は、原則として清拭で対応する。清拭で使用したタオルなどは熱水洗濯機（80度10分間）で洗浄後乾燥を行うか、次亜塩素酸ナトリウム液に浸漬後、洗濯、乾燥を行う。
- 個人専用の浴室で介助なく入浴できる場合は入浴でも可。その際、必要な清掃などを行う。

リネン・衣類の洗濯など

- リネンや衣類は熱水洗濯機（80度10分間）で処理し、洗浄後乾燥させるか、次亜塩素酸ナトリウム液に浸漬後、洗濯、乾燥を行う。
- 当該利用者が鼻をかんだティッシュなどのゴミ処理は、感染性廃棄物として処理を行う。[注2]

↓

陽性者／入院（基本的に高齢者は入院により対応することが想定されている）
陰性者／経過観察（上記のケアを継続する）

（注1）発生した集団感染の全体像や病気の特徴などを調べること。
（注2）特養等高齢者福祉施設においては感染性廃棄物とならないが、感染防止の観点から、ゴミに直接触れない、ゴミ袋などに入れて封をして廃棄する、捨てたあとは手を洗うなどの感染防止策を実施する。なお、介護老人保健施設など「廃棄物の処理及び清掃に関する法律施行令別表第一の4の項」に記載の施設は、感染性廃棄物として処理することが必要となる。

出典：公益社団法人 全国老人福祉施設協議会「新型コロナウイルス感染症対応フロー　利用者ケア編」を一部改変
※2021年6月4日現在の情報を基にしています。

職員の感染が疑われる場合

感染が疑われたら

1 まずは自宅待機

以下の症状がある場合は、管理者に報告し、休む。また、帰国者・接触者相談センターに連絡し、指示に従う。

- 発熱や風邪の症状が見られる時。
  ※その後、毎日体温を測定して記録。
- 息苦しさや強いだるさ、高熱などの強い症状のいずれかがある場合。
- 高齢者や基礎疾患がある人で、発熱や咳などの軽い症状がある場合。
- 比較的軽い風邪の症状が4日以上続く場合。

2

管理者は施設内で情報共有を行い、指定権者（市町村の所管部局など）に報告する。

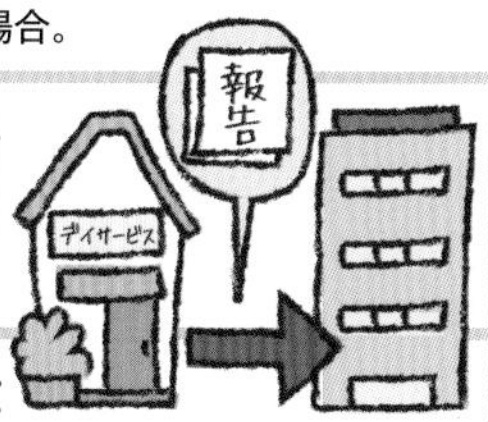

3

在宅サービスの場合は、主治医と担当の居宅介護支援事業所などに報告する。

4

当該職員との濃厚接触の可能性がある人を特定しておく。特定する観点は、感染者との接触状況・時間による。

濃厚接触者となったら

1 14日間は 自宅待機

管理者に報告し、休む。1日2回の体調チェックを行い、外出を控える。
※保健所から「濃厚接触者」として特定された場合も同様の対応。

2 保健所の指示に従う

職場の復帰時期は、諸症状の有無なども踏まえ、保健所の指示に従う。

ＰＣＲ検査などの実施

陽性の場合

1

管理者は所轄庁などに報告する。

2

感染者との接触状況・時間から濃厚接触があった人を特定する。

3 保健所に情報提供。

積極的疫学調査[注1]の観点から、症状出現後の接触者リスト、利用者のケア記録、直近2週間の勤務表、施設に出入りした者の記録などについて、保健所に情報提供する。

4 休業を求められる場合がある。

都道府県などから、事業所または地域単位での休業を求められる場合がある。

陰性の場合

1

保健所・医療機関などの指示に従い、職務復帰などとなる。健康管理などには十分留意する。

2

必要に応じて、管理者は対応の結果報告などを所轄庁などに行う。

入院

地域の入院医療機関が足りず、症状も軽症の場合

宿泊施設または自宅療養

※宿泊施設が満員だと自宅療養となる場合がある。

1

宿泊施設での療養は、保健所の指示に従う。

2

自宅療養となった場合、家庭内感染を防止する趣旨から、家庭での感染対策[注2]をとる。自宅療養中に状態が変化した場合は、必ず帰国者・接触者相談センターなどに連絡する。

3

家族構成などを確認したうえで、高齢者や基礎疾患を有する者などへの家庭内感染の恐れがある時には、入院措置となる場合がある。

（注1）発生した集団感染の全体像や病気の特徴などを調べること。
（注2）「感染者とほかの同居者の部屋を可能な限り分ける」「感染者の世話をする人は、1人が望ましい」など。一般社団法人日本環境感染学会「新型コロナウイルスの感染が疑われる人がいる場合の家庭内での注意事項」参照。

出典：公益社団法人 全国老人福祉施設協議会「新型コロナウイルス感染症対応フロー　職員編」を一部改変
※2021年6月4日現在の情報を基にしています。

現場リポート

[レジデンシャル常盤台]の新型コロナウイルス感染症への取り組み

かからない 持ち込まない 拡げない ための

徹底した水際対策で利用者の日常を守る！

特別養護老人ホーム レジデンシャル常盤台では、新型コロナウイルスの感染拡大を受け、水際対策を徹底。利用者の安定した日常生活を損なわない、感染対策をご紹介します。

撮影／磯﨑威志(Focus & Graph Studio) 伏見早織(世界文化ホールディングス) イラスト／ホンマヨウヘイ

「標準予防策」と「水際対策」で家族との面会も可能に

レジデンシャル常盤台では、標準予防策と水際対策を2本の柱に新型コロナウイルス感染症対策を行っています。

「これまでにノロウイルスやMRSA(メチシリン耐性黄色ブドウ球菌)などによる感染症に対応した経験があり、怖がることなく、正しくケア・対応を行えば、感染を拡げることがないと実感しています。新型コロナウイルス感染症には、まだわからないことがありますが、ウイルスを持ち込まないこと、標準予防策を遵守することが、施設内感染を拡めないための最善策ではないかと考えています」と話すのは統括施設長の高橋好美さん。感染症・食中毒予防対策委員会が率先し、ウイルスの持ち込みを防ぐ対策を考えたといいます。

対策は、人が出入りする場となる受付を中心に、細かい部分にまで目が向けられています。また、職員に対しては、知識を習得するための研修を度々実施し、感染対策に対する意識づけを行っています。

こうした感染対策によって、一定の決まりを設けることで、利用者と家族との面会も実施。同施設では、コロナ禍であっても、利用者が求める介護を提供したいと考えています。

対策 1 施設入り口で来所者の注意を喚起。靴底の消毒も行う

建物の入り口は、外部からのウイルスの持ち込みを防ぐ、水際対策の最初のゲート。表示で来所者に対し、施設の姿勢を示すとともに、より一層の注意を促します。

来所者は靴底もアルコール消毒

施設内に入る前に、外部からウイルスを持ち込まないよう、靴底もアルコールで消毒をするように呼びかけている。

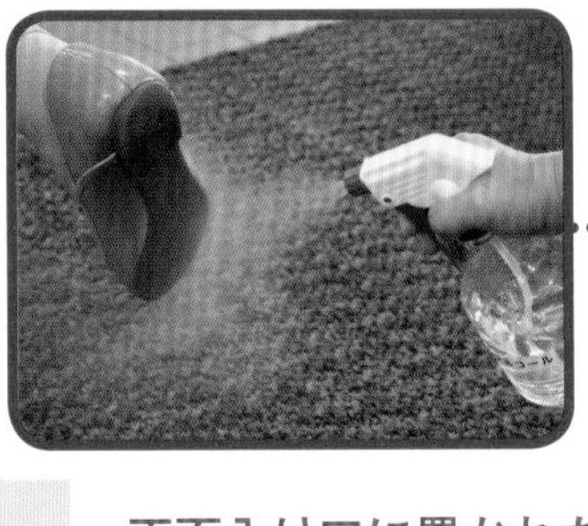

来所者はマスクも交換

来所者はマスクをつけて施設にやってきますが、そのマスクはすでにウイルスや細菌に汚染されている可能性があります。施設に入る前には新しいマスクに交換。替えのマスクは施設で廉価で販売もしています。

正面入り口に置かれた協力を求める表示

新型コロナウイルスの感染について注意を促すボードを設置。来所者に再確認してもらう。

注意
新型コロナウイルス
厳戒態勢発令中
全世界で新型コロナウイルスが
感染拡大の一途を辿っています。
発熱・倦怠感・咳・味覚・嗅覚異常など
症状のある方は面会をお控えください。
予防対策
① 石鹸・流水でしっかり手を洗う
② こまめにうがいをする
③ 不要・不急の外出は控える
皆様ご自身とご家族の健康を守りましょう。
特別養護老人ホーム レジデンシャル常盤台
ご来所の皆さまへ
お願い
スプレーボトルに
ご用意しております
アルコールで
靴底を消毒してから
お入りください。
ラビショット

対策 2 受付で来所者の体調をチェック。手洗い・マスク交換も依頼

来所者は受付カウンターでアルコールによる手指衛生、検温、マスク交換を行い、連絡先と体調を確認するための用紙に記入。面会者にも訪問事業者にも同じ対応を求めています。

非接触型温度計で異常がないか確認

受付の職員が、額か手首で来所者の体温を測る。非接触での検温は来所者だけでなく、職員についても感染のリスクを減らす。

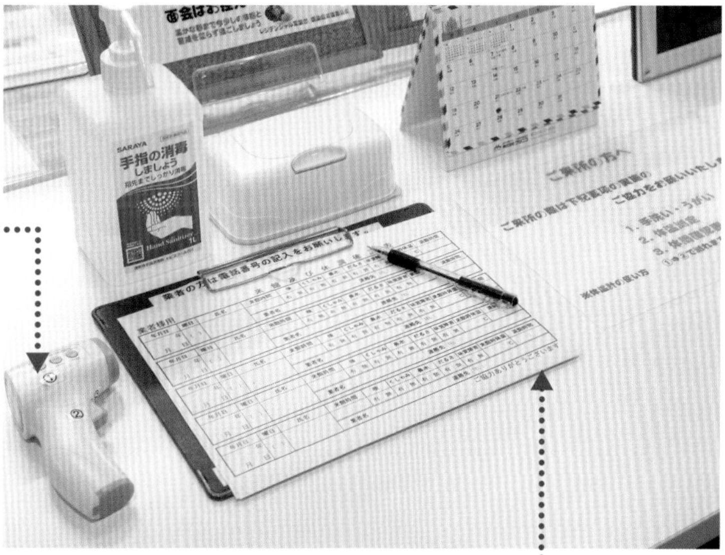

受付カウンターで来所者は必ず記名する

氏名、所属、連絡先とともに、「咳」「くしゃみ」「鼻水」「だるさ」「味覚異常」の有無と、先に計測した体温を記入する。

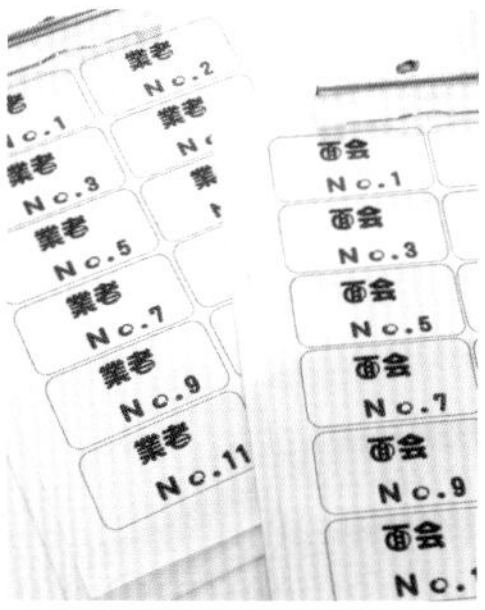

来所者用バッジは廃棄できるシールに

来所者を示すバッジは廃止し、シールを使用。衣服に直接貼り、帰る際には捨てることができる。

対策 3 訪問事業者にはTシャツを準備し着替えを依頼

マッサージやリハビリなどの訪問事業者には、来所時に専用の清潔なTシャツに着替えてもらい、ウイルスが持ち込まれないよう、配慮しています。

30 分に 1 回の水分摂取を励行

のどを潤し、ウイルスの侵入を防ぐため、施設内の各所にウォーターサーバーを設置し、こまめな水分摂取を促している。誰でも自由に利用できる。

受付カウンター脇に専用 T シャツを準備

訪問事業者は受付脇からTシャツを取って、更衣室で着替える。ケア後、脱いだTシャツは専用カートへ入れてもらう。

専用カート内には洗濯しやすい工夫が

専用カート内には洗濯ネットがかけられており、脱いだTシャツを直接入れられる。ファスナーを閉じて取り出し、そのまま洗濯機へ。

対策
4
家族の面会は予約制でエリアを限定して受け入れ

家族との面会は、緊急事態宣言時には中断しましたが、解除後は電話予約制で再開。手指衛生や環境衛生を徹底し、１階のホールで30分間を目安に実施しています。

ご面会用　　面会及び体調確認表

年月日	曜日	氏名	続柄	来館時間	咳	くしゃみ	鼻水	だるさ	味覚障害	来館時体温	退館時間
年 月 日	（ ）		家族 / 知人	：	有 無	有 無	有 無	有 無	有 無	℃	：
					ご家族以外の方は連絡先をご記入ください	TEL：					
年 月 日	（ ）		家族 / 知人	：	有 無	有 無	有 無	有 無	有 無	℃	：
					ご家族以外の方は連絡先をご記入ください	TEL：					
年 月 日	（ ）		家族 / 知人	：	有 無	有 無	有 無	有 無	有 無	℃	：
					ご家族以外の方は連絡先をご記入ください	TEL：					
年 月 日	（ ）		家族 / 知人	：	有 無	有 無	有 無	有 無	有 無	℃	：
					ご家族以外の方は連絡先をご記入ください	TEL：					
年 月 日	（ ）		家族 / 知人	：	有 無	有 無	有 無	有 無	有 無	℃	：
					ご家族以外の方は連絡先をご記入ください	TEL：					

ご協力ありがとうございます

面会者によるウイルスの「持ち込み」を防ぐために、体調を確認

面会に訪れた家族から感染してしまうと、利用者全員の楽しみが奪われてしまうことになる。職員は受付で収集した情報から面会者の健康状態を確認し、少しでも感染への不安がある場合は、面会中止の判断をすることもある。

面会前後は周辺環境の消毒を徹底

１階ホールは集団レクリエーションにも使用しているため、普段から環境衛生に注意を払っている。面会で使用する場合には、そのつどテーブルやいすなどをアルコールで消毒し、面会者の手指衛生も徹底する。

日頃から情報を発信し、家族の理解と協力を得る

施設の取り組みや利用者の様子がわかる広報誌を発行し、利用者家族に毎月発送しています。新型コロナウイルス感染症に対する感染予防の取り組みについても、誌面で発信。面会ができない期間は広報誌以外に、担当職員が利用者の様子やご家族へのメッセージを手紙にして発送していました。

対策 5

標準予防策を遵守し 清掃・消毒を徹底

ウイルスの持ち込みを防ぐ一方で、職員自らが感染しない、拡げないために標準予防策に準じた清掃・消毒を徹底しています。

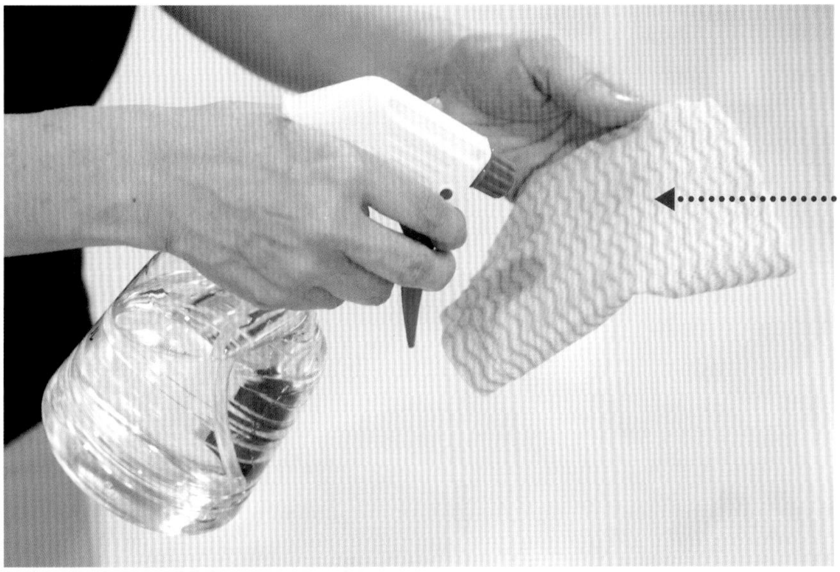

消毒液は必ず
不織布ふきんに噴霧

消毒液はテーブルなどの汚染面に直接吹きかけず、不織布ふきんをしっかりと湿るまで濡らしてから拭くようにしている。ほこりなどもしっかり拭き取る。

高頻度接触面は特に念入りに消毒

さまざまな人が頻繁に手を触れる「高頻度接触面」は、1日2回の清掃・消毒を行っています。

● 手すり（廊下・居室など）

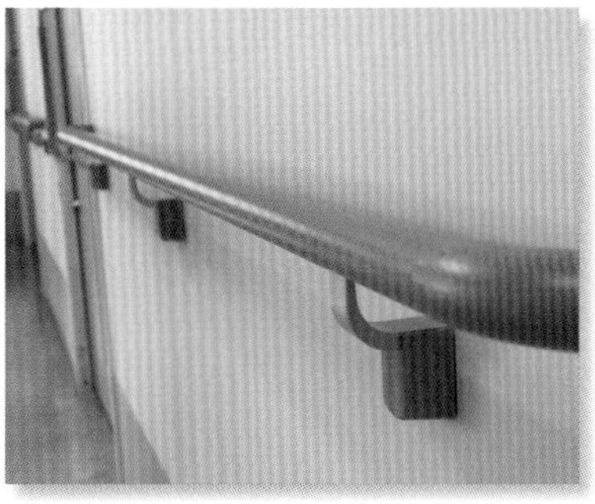

● エレベーターの操作ボタン

● 自動販売機のボタン

● 受付カウンター

● 共用パソコン

● ドアノブ

ほかにもこんな場所を清掃・消毒

コピー機、パソコンの電源、エアコンのリモコン・操作パネル、照明などのスイッチ、電話機、施設内で使用している携帯電話、車いすの手を触れる場所、冷蔵庫・書棚・戸棚などの取っ手など

対策 6 職員への感染予防研修を定期的に実施。正しい知識を持ち、必要以上に恐れない

感染症・食中毒予防委員会が実施する演習を取り入れた研修で、正しい知識を身につけられるようにしています。

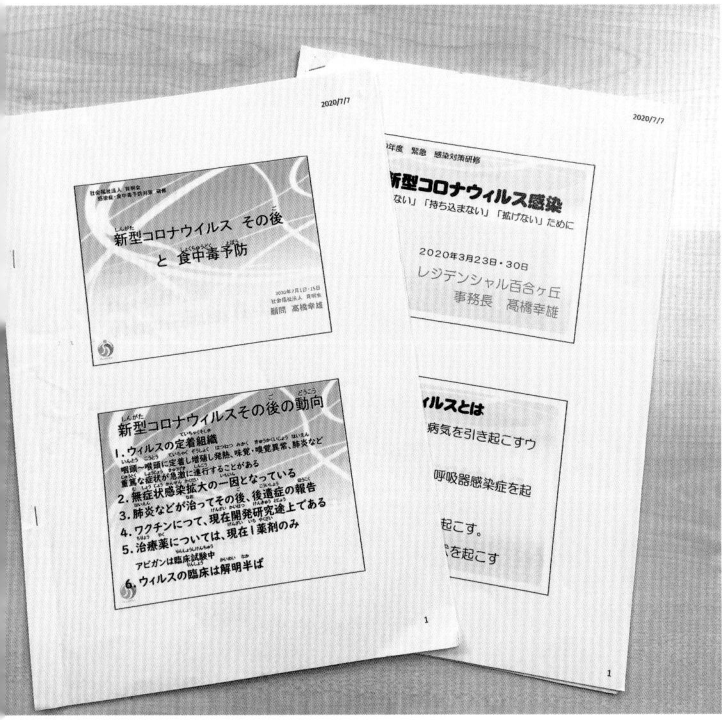

職員の感染予防対策

●研修資料で確実に知識を身につける

新型コロナウイルスで感染予防の基礎となる標準予防策を演習などでくり返し確認する。

●感染しそうな場所には行かない

新型コロナウイルス感染予防のための新しい生活様式に則り、感染の可能性のある場所は避ける。

●本人、家族に体調不良の人がいたら迷わず休む

体調チェックを毎日行う。自分だけでなく、家族が体調不良を起こしていたら、施設に連絡して勤務を休む。

●専門職としてプライドを持った行動を

正しい知識とこれまでの経験から身につけたものに基づき、日常生活でも専門職としての行動を忘れない。

研修を行う際には、あとから何度でも確認できるよう、手元に置ける資料を作成し、職員に配布する。

対策 7 疑わしい場合は感染者として対応し、拡大を防ぐ

疑わしい症状の出ている利用者は感染者とみなし、速やかに感染を拡げないための対策をとります。

異常がある利用者がいたら、そのユニットを閉鎖する

ユニット型の施設のため、万一、感染が疑われる症状の利用者がいたら、ユニット全体を閉鎖する。これまでも、「高熱が出たら季節性インフルエンザ」「嘔吐や下痢があったらノロウイルス」と最悪の状況を想定し、拡げないための対応を実施。それが新型コロナウイルスの対策にも役立っている。

高橋統括施設長より

過去の苦い経験から初動の重要性を痛感

当法人がここまで徹底した対策を行っているのは、過去に苦い経験があるからです。10年ほど前、開設したばかりのころ、外泊から帰ってきた利用者が、施設内数か所で嘔吐。あわてて家族に連絡し、一時帰宅をお願いしたところ、家族もノロウイルスに感染していました。連絡に手間取り、対応が遅れた結果、利用者数名にも感染が拡がってしまいました。以後、二度と同じことがないよう、対応を見直し、現在に至っています。

上肢・下肢・脳トレ・指

感染予防しながらできるレクリエーション

感染予防対策を十分にとりながら、楽しめるレクリエーションや体操を紹介します。ソーシャルディスタンス以外にも、「感染リスクを減らす」工夫を取り入れました。上肢、下肢、脳トレ、指の4つのテーマから選んで、頭と体を動かしましょう。

イラスト／河南好美　大森裕美子　写真／伏見早織（世界文化ホールディングス）

感染予防対策のポイント

人との距離が保てる

対面にならず同じ向きに座る、あるいは円座になることで、人との距離を保つことができます。対面の場合でも、長い棒を使うなど道具を工夫すると、一定の距離が保てます。

少人数で行う

チーム対抗にせず個人で取り組めるレクなら、少人数でも楽しく行えます。空間が限られている場合でも、少人数で実施することで、人との距離を保てるよさがあります。

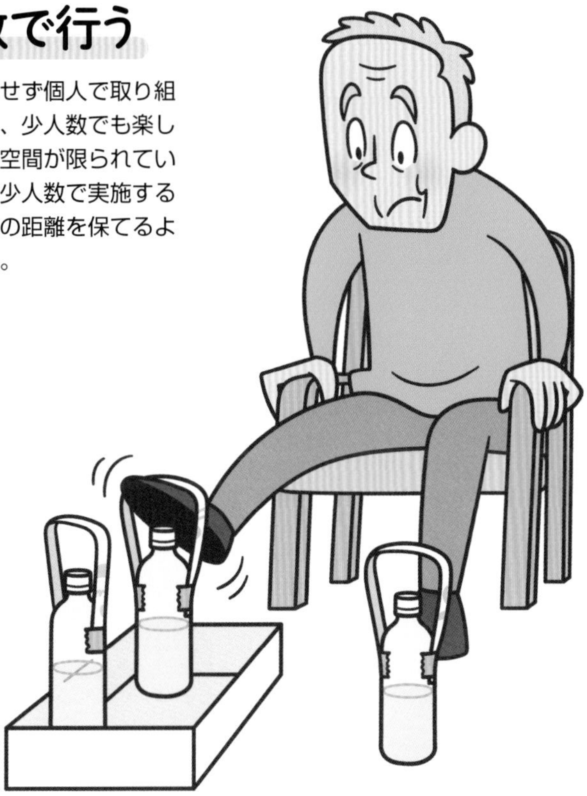

道具を工夫する

- 使い捨てにできる道具を使う
- 直接道具に手を触れない
- 道具を使わないレクを取り入れる

多くの人が同じものをさわる、使いまわす状況を避けます。積極的に空き容器や新聞紙を使って、レクのあと、道具をそのまま捨てられるような工夫や、ボールなど使いまわす道具には、直接手で触れないような工夫をして行いましょう。

プラン・監修

石田竜生

作業療法士、ケアマネジャー、芸人。大阪よしもとの養成所を卒業後、介護施設で作業療法士として働きながら、フリーのお笑い芸人に。（一社）日本介護エンターテイメント協会を設立し、「介護エンターテイナー」として活動している。

三瓶あづさ

医療法人社団三喜会　介護老人保健施設ライフプラザ新緑リハビリテーション部レクリエーショントレーナー、ケアマネジャー、介護福祉士。著書に『高齢者が元気になるレクリエーション』（日本文芸社）などがある。

山口健一

作業療法士として働くかたわら、アイデア・リハビリのアドバイザーとして、個人ブログサイト『アイデアわくわくリハビリ』（https://idea-waku2-reha.com/）を主宰。機能訓練や生活改善のためのアイデアを日々寄稿する。

人との距離が保てる　道具は使い終わったら捨てる

上肢 1

新聞紙たたきゲーム

２人で向かい合い、ひもに引っかけた新聞紙を割り箸でたたいて落とします。

プラン／三瓶あづさ

隊形

２m程度距離をあけて、向かい合ってテーブルにつく。
中央に、段ボール箱２個をガムテープなどで固定し、ひも２本をぴんと張るようにとめる。

ねらい

- 腕を上げ続けることで、上肢の筋力の維持・向上を図る。
- 腕を伸ばしながら動かすことで、座位バランスの向上を図る。
- 新聞紙をたたくことで、気持ちを発散させ、集中力を高める。

生活場面で役立つポイント

腕を伸ばしてものをつかむなど、上肢動作の改善

用意するもの

段ボール箱２個
（高さ45cm程度のもの）
写真のように、ひも２本をガムテープでとめる。スタンド式のタオルハンガーに新聞紙を引っかけてもできる。

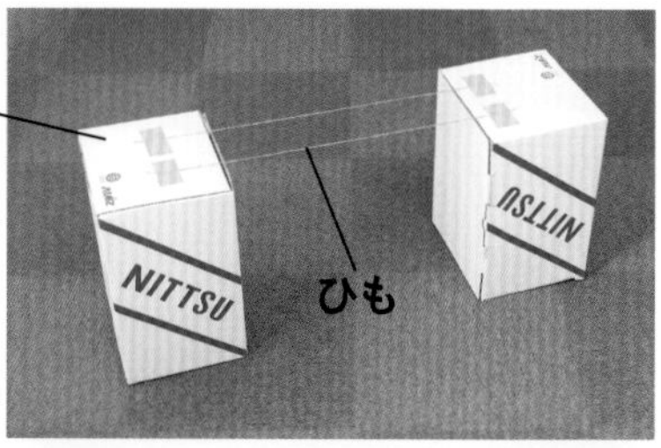

ひも

新聞紙
新聞紙は下図のように８等分に切る。

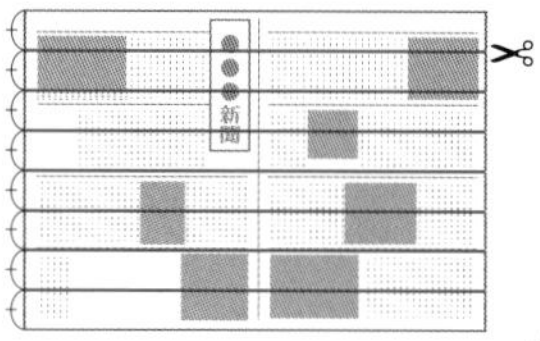

新聞

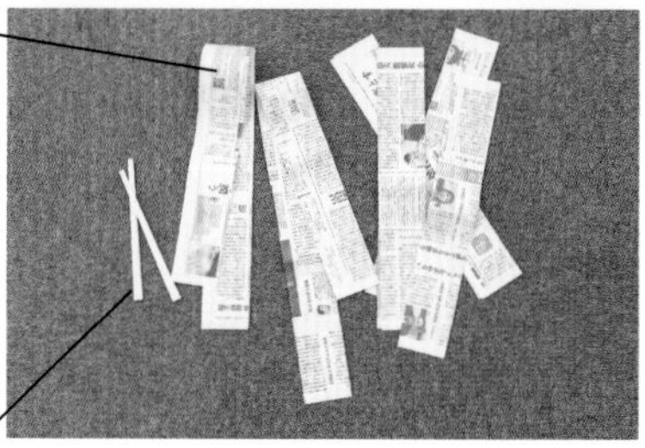

割り箸

ルール

1. 介護者は、段ボール箱につけたひも２本に、それぞれ短冊状の新聞紙を８本ずつ下げる。

2. 利用者は、割り箸を１本ずつ持ち、新聞紙をたたいてひもから落とす。先にすべて落とした人の勝ち。

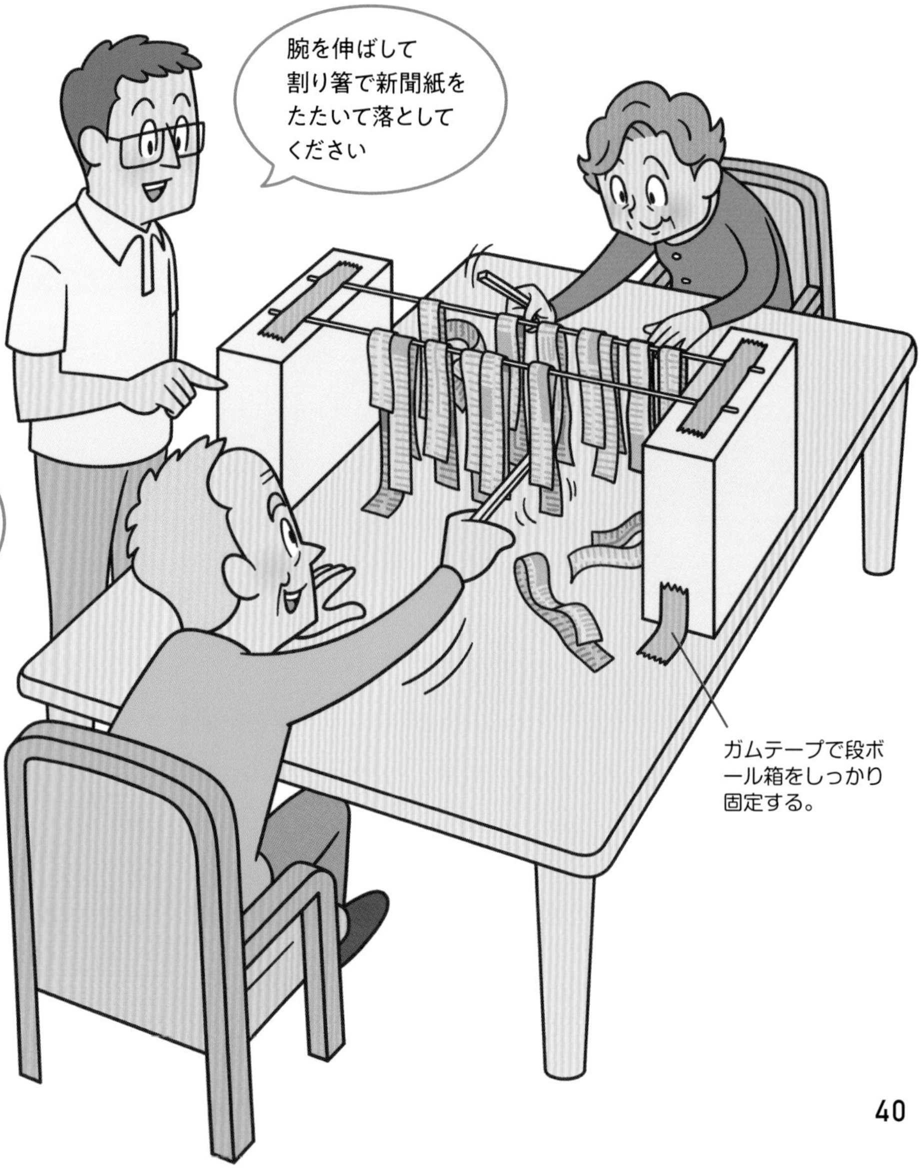

腕を伸ばして
割り箸で新聞紙を
たたいて落として
ください
体がグラグラ
しないように、
もう片方の手で
支えましょう
ガムテープで段ボール箱をしっかり固定する。

配慮のポイント

片方の腕を伸ばした際にバランスがとりづらい場合は、ひもを手前につけたり、段ボール箱の位置を調整したりしましょう。

人との距離が保てる　道具に手を触れない

上肢 2

ボールすくいゲーム

2本の棒でボールをはさんですくい上げ、２人で協力してかごの中に入れます。

プラン／三瓶あづさ

隊形

２人１チームで２ｍ程度距離をあけて、向かい合ってテーブルにつく。テーブルの中央にかごを置く。

ねらい

- ２本の棒をつかみ、ボールを運ぶことで、握力と上肢の協調運動の維持・向上を図る。
- ボールを落とさないようにすることで、目と手の協調性の維持・向上を促す。
- 向かい合う相手と協力することで、コミュニケーション力の向上を図る。

生活場面で役立つポイント

ものをつかむ動作の改善／他者とのコミュニケーション

用意するもの

かご

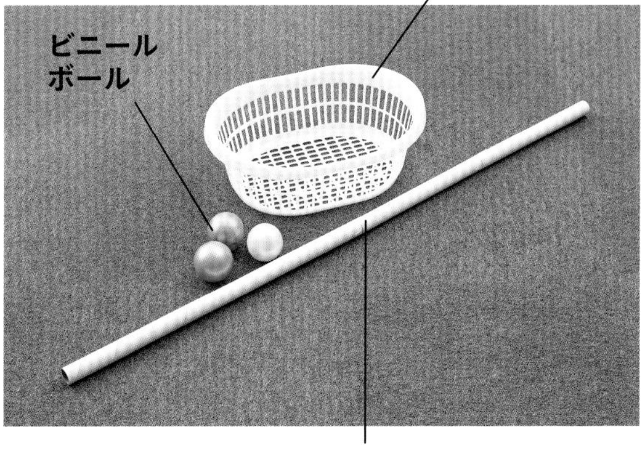

新聞紙棒

ラップ芯の棒（２本）

ラップ芯（30cm程度）を４本、テープでたてにつなげる。

ルール

1. 介護者はテーブルの上にボールを置く。利用者は向かい合って座り、２本の棒を持つ。
2. スタートの合図で２分間、利用者は棒でボールをはさんですくい上げ、かごに入れる。
3. ２分経ったら終了し、かごに入ったボールを数える。より多くボールを入れたチームの勝ち。

配慮のポイント

ボールをすくい上げるのが難しい場合は、かごを床に置いてボールを落とすようにしてもよいでしょう。

２人で息を合わせて
ボールを運んでくださいね

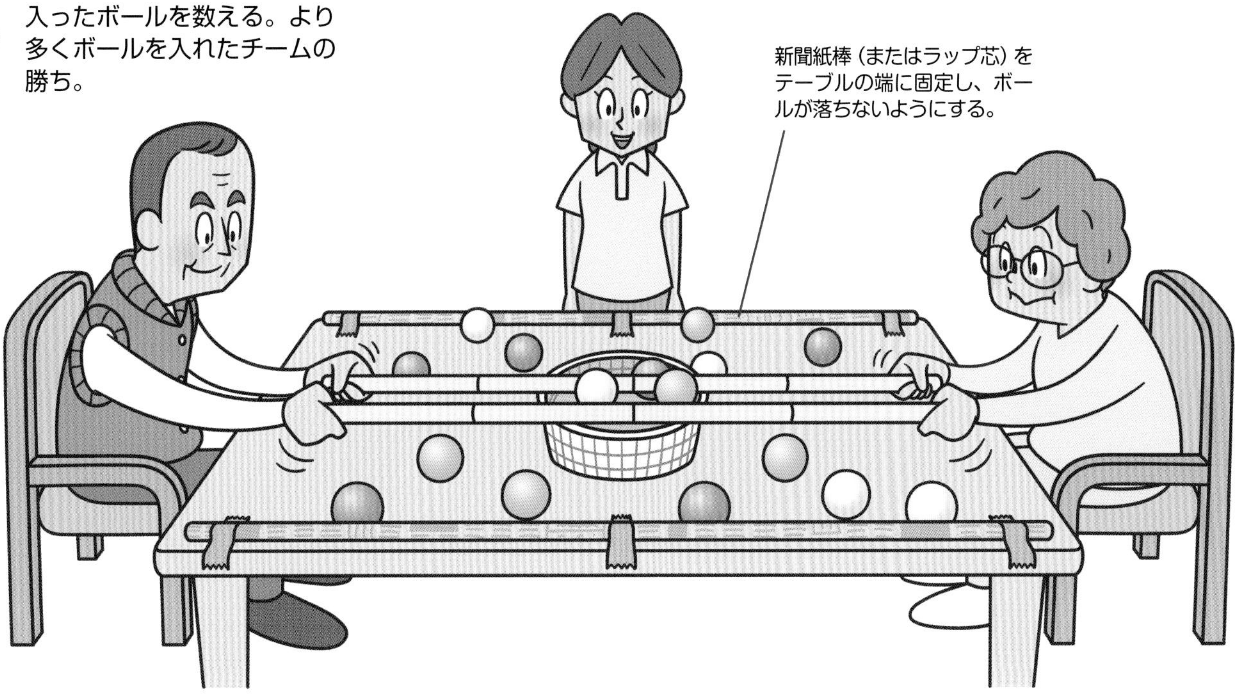

新聞紙棒（またはラップ芯）をテーブルの端に固定し、ボールが落ちないようにする。

人との距離が保てる　道具に手を触れない

上肢 3

つっつきビーチボール

ビーチボールを新聞紙棒で突いてフラフープ内に入れます。2チームに分かれて競います。

プラン／三瓶あづさ

隊形

２～４人で１チームとなり、２チームで対戦する。間隔をあけて円形になり、相手チームと交互になるように座る。

ねらい

- 腕を伸ばしてボールを突くことで、座位バランスの向上を図る。
- チームで協力して競うことで、協調性を高め、コミュニケーションを図る。

生活場面で役立つポイント

腕を伸ばす動作の改善／転倒予防

用意するもの

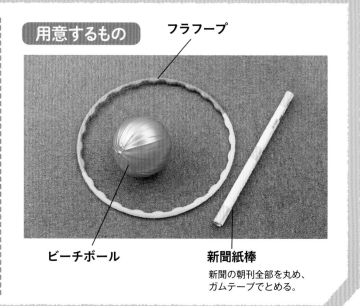

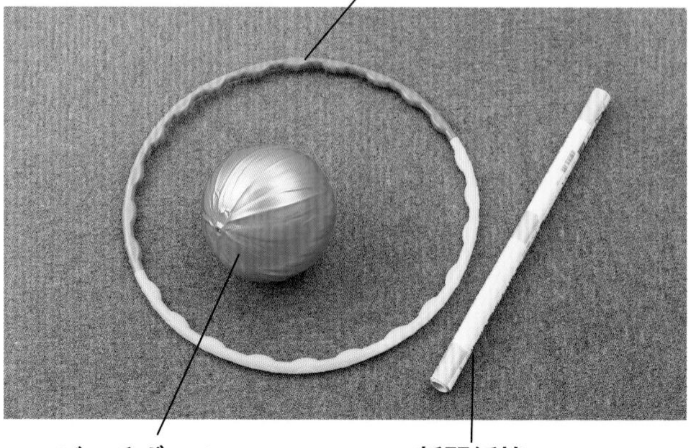
フラフープ
ビーチボール
新聞紙棒
新聞の朝刊全部を丸め、ガムテープでとめる。

ルール

1. チームの代表がじゃんけんをし、勝ったチームが先攻。負けたチームは後攻で、新聞紙棒をひざに置いて待つ。

2. 先攻のチームの足元にビーチボールを置く。介護者のスタートの合図で、ビーチボールを突いてフラフープの中に入れる。

3. フラフープの中でボールが止まったら、先攻チームに１点が入る。介護者はそのつど、ボールを取り出す。３分間行い、後攻のチームに交代。点数が高いチームの勝ち。

腕を伸ばして、ボールを突いてください。輪の中にたくさん入れたチームの勝ちですよ
先攻
赤チーム
青チーム
青チーム
先攻
赤チーム

広いスペースで行える場合は、利用者同士の距離を十分にとり、１チーム３～４人程度で行うとより楽しめます。

配慮のポイント

力が入りすぎてボールがフラフープの外に出てしまう場合は、新聞紙をねじって作った太めの輪を使うと輪の中に止まりやすくなります。

上肢 4

人との距離が保てる　道具は使い終わったら捨てる

カップ麺ホッケーゲーム

片方の手でカップ麺の空き容器を相手の陣地にすべらせます。

プラン／三瓶あづさ

隊形

２ｍ程度距離をあけて、向かい合ってテーブルにつく。

ねらい

- 腕を伸ばすことで、肘関節の動きをなめらかにするとともに、上肢の筋力の維持・向上を図る。
- 目標に向けてパックをすべらせることで、手と目の協調性と集中力の向上を図る。
- 競い合うことで、高揚感を得、気持ちを発散させる。

生活場面で役立つポイント

腕を伸ばす動作の改善

用意するもの

割り箸、ひも、新聞紙棒

パック（カップ麺の空き容器）

１人につき５個。おりがみでふたをしてテープでとめる。

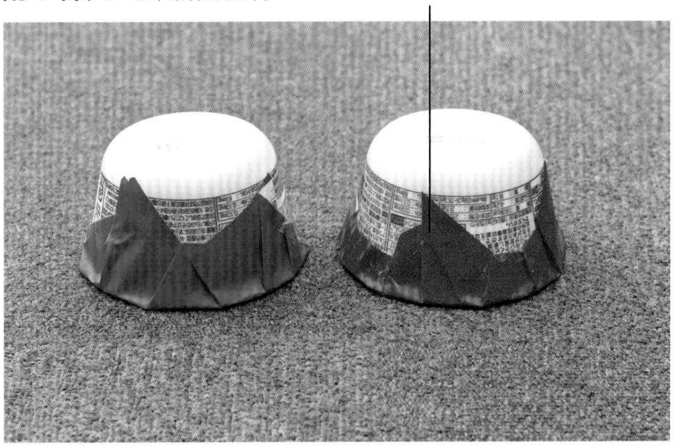

※同じ道具をさわることが気になる場合は、１人ずつ使い捨ての手袋をつけて行います。

ルール

1. 介護者は利用者の前にパックを５個ずつ並べる。片方の手だけでパックをすべらせること、両手を使った場合は減点になることを伝える。

2. スタートの合図で、利用者は片方の手でパックをつかみ、相手の陣地にすべらせる。

3. １分間行い、自分の陣地にパックが少ない方が勝ち。

配慮のポイント

腕を伸ばしづらく、遠くのパックが取れない場合は、介護者がパックを利用者の前に置きましょう。

使えるのは片手だけですよ。
相手の陣地にどんどんパックをすべらせましょう！

新聞紙棒（またはラップ芯）をテーブルの端に固定し、パックが落ちないようにする。
テーブルの中央両脇に、割り箸を立てて固定し、上にひもを張る。

人との距離が保てる　道具は使い終わったら捨てる

上肢 5

牛乳パックフリスビー

簡単に作れるフリスビーを的に向かって投げ、得点を競います。

プラン／山口健一

隊形

間隔をあけて半円形に座り、2ｍ程度先に的を置く。

ねらい

- 投げる時の重心移動で体幹を鍛え、座位バランスの保持・向上が期待できる。
- フリスビーを指で持ち、さらに投げる動作で、手指および上肢の機能維持・向上を図る。

生活場面で役立つポイント

ものを握る、ボタンをとめるなど、手指の巧緻性向上／腕を伸ばす動作の改善

用意するもの

牛乳パックフリスビー

開いた牛乳パックから図の寸法で 3 枚の羽根を切り出す。3 方向を向くように切り込み同士を食い込ませ、ガムテープでとめる。

50点

新聞紙

コピー用紙を貼って得点を書く。

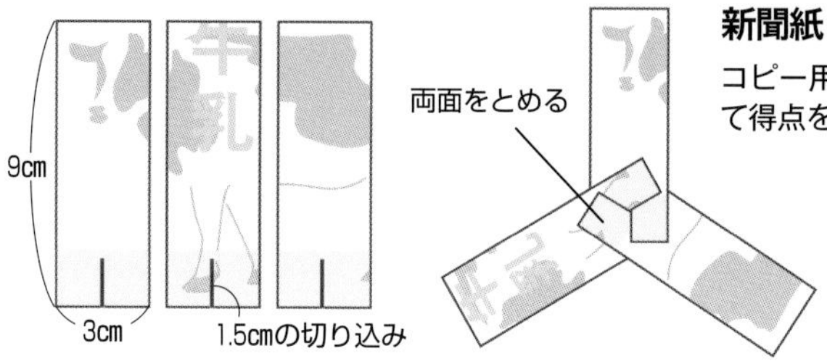
9cm
3cm
1.5cmの切り込み
両面をとめる

ルール

1. フリスビーを１つずつ持ち、的にのるように投げる。

2. １人５回行い、得点の高い人の勝ち。フリスビーは投げ終わるごとに回収し、利用者に戻す。

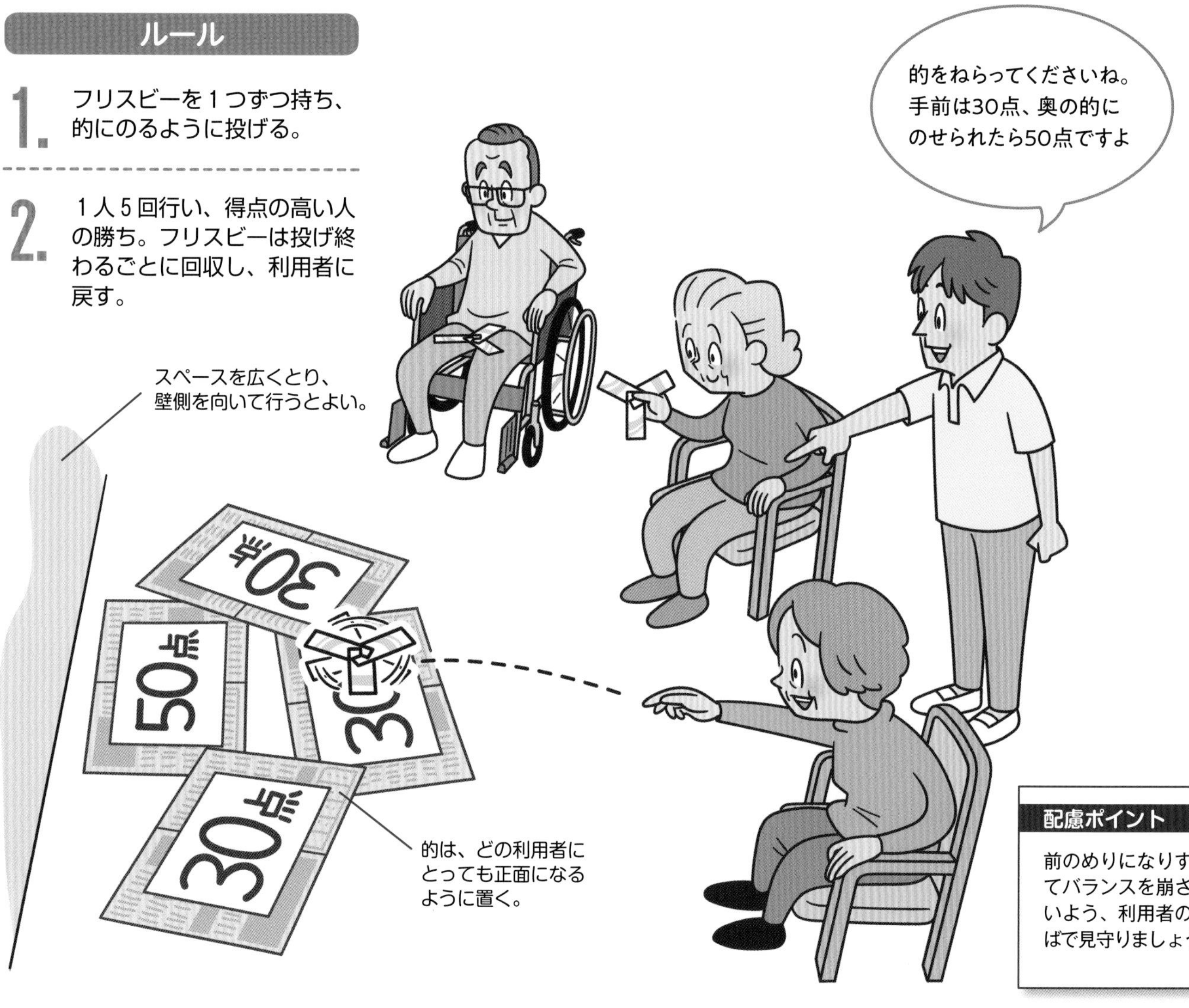
的をねらってくださいね。手前は30点、奥の的にのせられたら50点ですよ
スペースを広くとり、壁側を向いて行うとよい。
30点
50点
30点
的は、どの利用者にとっても正面になるように置く。

配慮ポイント

前のめりになりすぎてバランスを崩さないよう、利用者のそばで見守りましょう。

人との距離が保てる　道具に手を触れない

下肢 1

ペットボトル釣りゲーム

足先に輪を引っかけ、ペットボトルを釣り上げます。足の筋力や体幹を鍛えます。

プラン／山口健一

隊形

間隔をあけて横並びに座り、足元にペットボトル 3 本と空き箱を置く。

ねらい

- 太ももの筋肉や腹筋などを鍛え、筋力の維持･向上を図る。
- 釣り上げる時の動作で体幹を鍛え、座位バランスの向上を図る。

生活場面で役立つポイント

排泄《はいせつ》動作や浴槽またぎ動作の改善／転倒予防／便秘解消

用意するもの

釣り上げペットボトル

牛乳パックを図のように帯状に切り出し、500㎖ サイズのペットボトルにガムテープで固定する。１人につき 3 本作る。

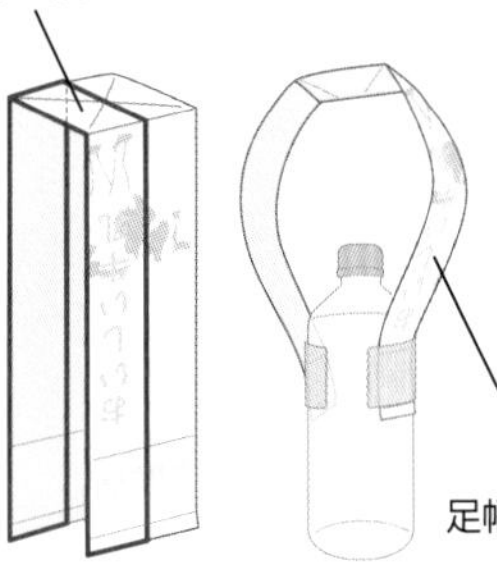
半分の幅でぐるりと切る
足幅に広げておく

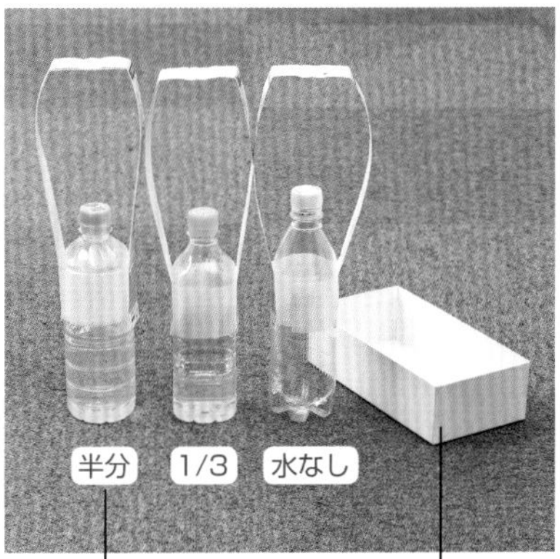
半分
1/3
水なし

利用者の脚力によって、ペットボトルの水量で負荷を変える。

空き箱

深さ 7 ～ 8 ㎝ のものを１人につき１つ。

ルール

1. 利用者の状態に合わせて水量を調節したペットボトルを用意する。右足が届くところにペットボトル 3 本と空き箱を置く。

2. 右足に輪を引っかけてペットボトルを釣り上げ、箱に移す。早く 3 本を箱に移せた人が勝ち。左足でも行う。

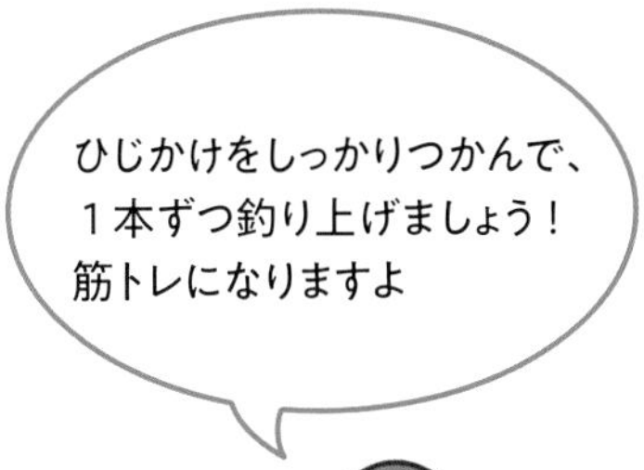
ひじかけをしっかりつかんで、
１本ずつ釣り上げましょう！
筋トレになりますよ

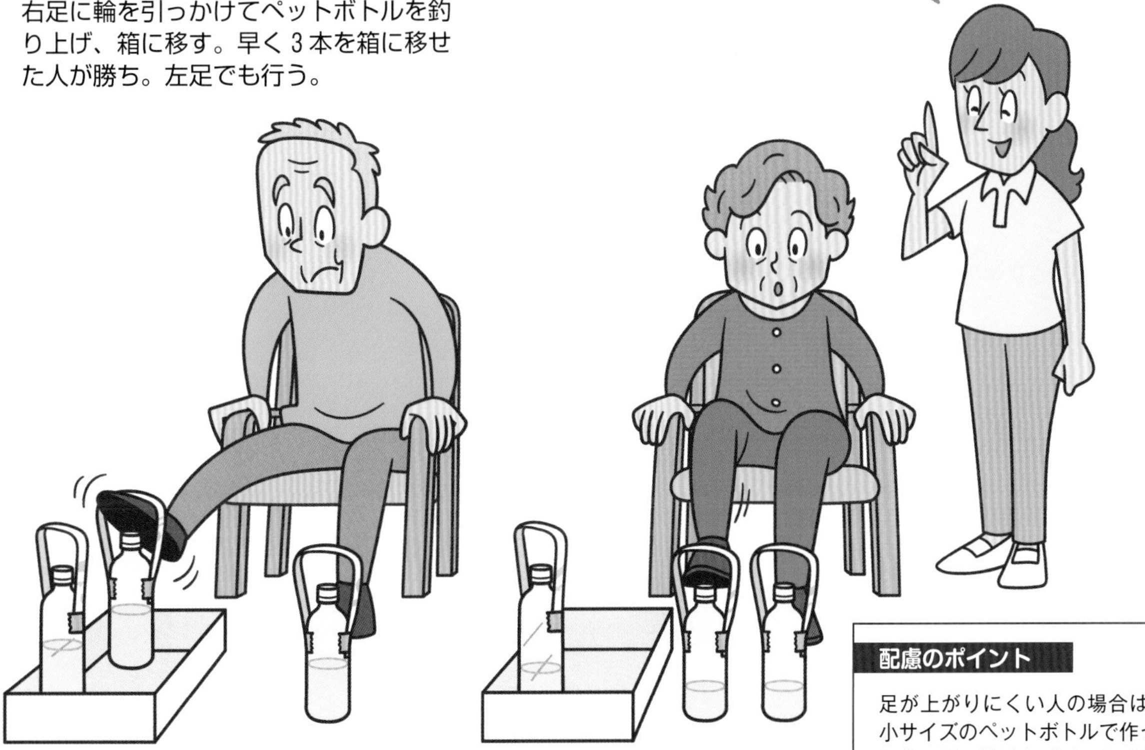

配慮のポイント

足が上がりにくい人の場合は、小サイズのペットボトルで作った背の低い釣り上げペットボトルを使いましょう。

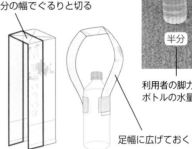

人との距離を保てる　道具に手を触れない

下肢 2

足でゆらゆらゲーム

互いの足に結んだひもに引っかけた紙を、２人で協力して、足をゆらして落とします。

プラン／三瓶あづさ

隊形

２人１チームで２ｍ程度距離をあけて、向かい合って椅子に座る。利用者同士のひざ下(両足)にすずらんテープを結び、ぴんと張る。

ねらい

- 足をゆらゆらさせることで、下肢の筋力の維持・向上を図る。
- 下肢を動かすことで、座位バランスの向上を図る。
- ２人で協力することで、集中力を高めると共に協調性を図る。

生活場面で役立つポイント

転倒予防／ひざや股関節の柔軟性・可動域の改善／他者とのコミュニケーション

用意するもの

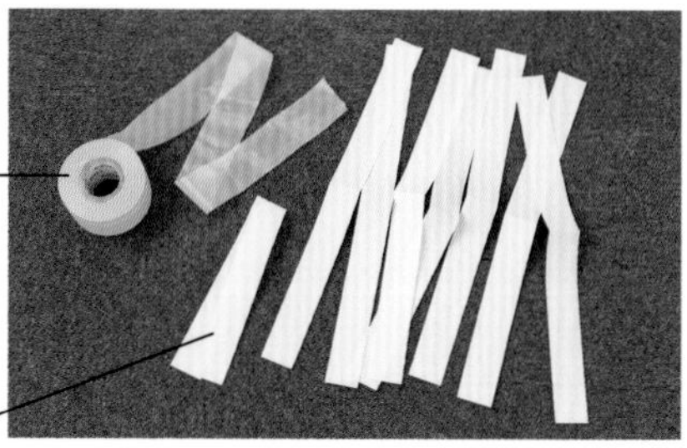

すずらんテープ

A3のコピー用紙

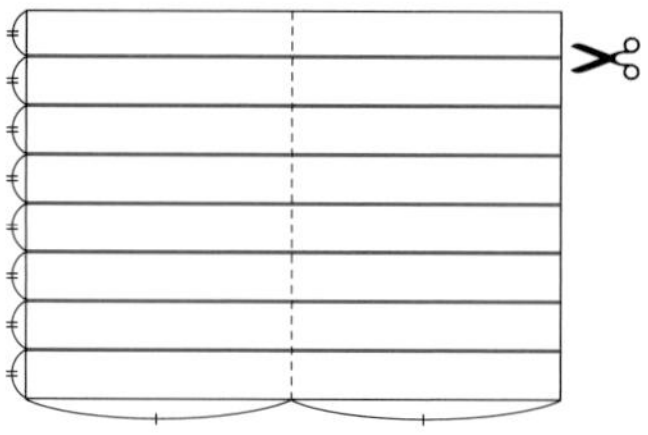

A3のコピー用紙を点線で半分に折り、図のように８等分に切る。

ルール

1. 介護者は、利用者同士のひざ下で結んだすずらんテープ２本に、半分に折った短冊状の紙を引っかける。

2. 利用者は足を動かし、２人で協力して紙をすずらんテープから落とす。早く落としたチームの勝ち。

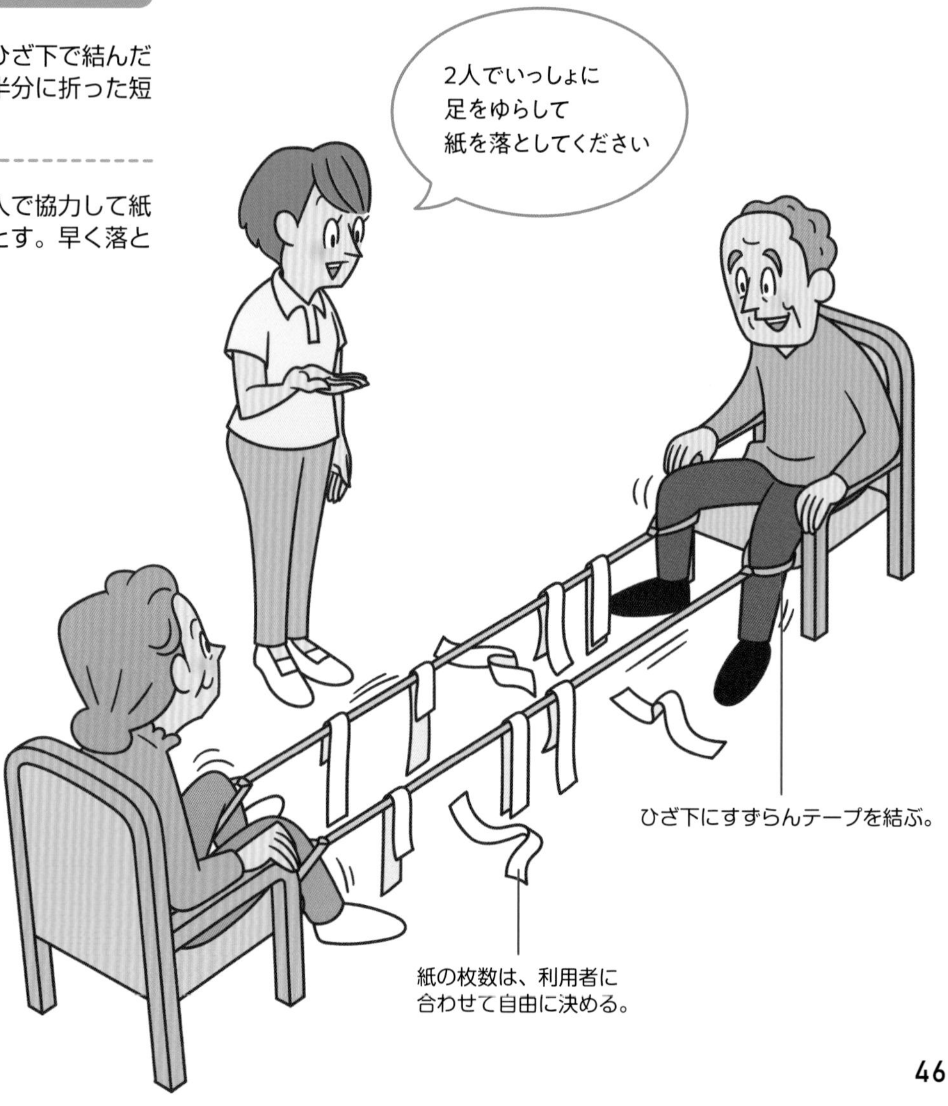
2人でいっしょに
足をゆらして
紙を落としてください
ひざ下にすずらんテープを結ぶ。
紙の枚数は、利用者に
合わせて自由に決める。

配慮のポイント

２人１チームが難しい場合は、すずらんテープの片方を椅子に結びつけて行いましょう。

人との距離を保てる　道具に手を触れない

下肢 3 リンボーダンスゲーム

ゴムひもで足首をつないだ２人が足を上げて、転がってきたボールに当たらないようにします。

プラン／三瓶あづさ

隊形

２人１チームで２ｍ程度距離をあけて、向かい合って椅子に座る。
利用者同士の足首(両足)にゴムひもを結ぶ。

ねらい

- 太ももの筋肉や腹筋を鍛え、筋力の維持・向上を図る。
- ボールが通過するタイミングで足を上げることで、座位バランスの向上を図る。
- ２人で息を合わせることで、協調性を図る。

生活場面で役立つポイント

排泄《はいせつ》動作や浴槽またぎ動作の改善／転倒予防／便秘解消／他者とのコミュニケーション

用意するもの

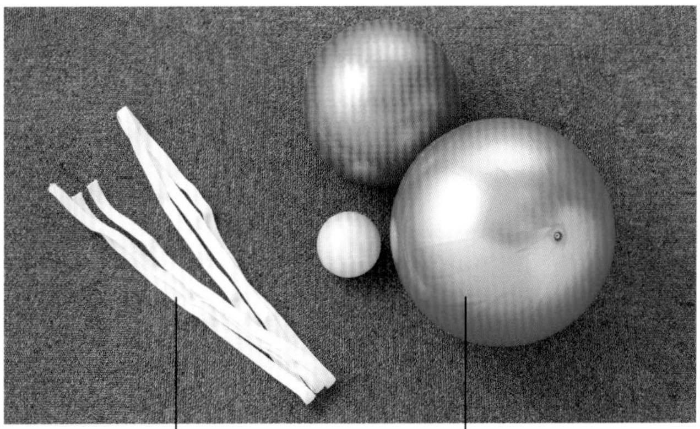

ゴムひも２本

ボール
（大）直径約 30cm
（中）直径約 15cm
（小）直径約 7 cm

ルール

1. 介護者は、ゴムひもの下を通過するようにボールを転がす。
2. 利用者は２人で協力して、ボールにゴムひもが当たらないように足を上げる。
3. 10回程度ボールを転がし、ゴムひもに当たらなかった回数が多いチームが勝ち。

配慮のポイント

最初は小さなボールから始め、だんだん大きなボールを転がすようにする。両足が難しい場合は、片方の足だけでもよい。

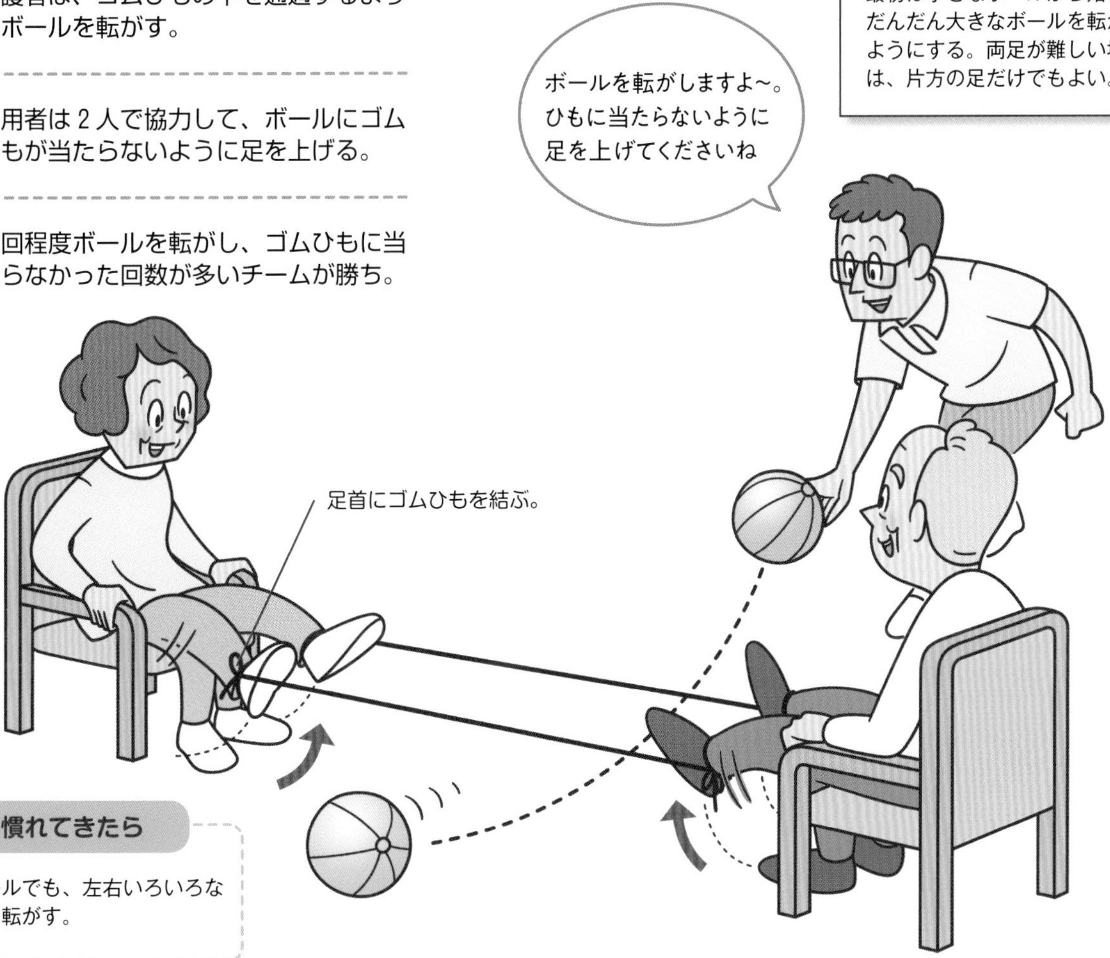
ボールを転がしますよ~。
ひもに当たらないように
足を上げてくださいね
足首にゴムひもを結ぶ。

慣れてきたら

同じボールでも、左右いろいろな方向から転がす。

人との距離が保てる　道具は使い終わったら捨てる

下肢 4 足で丸めて、蹴ってポイ！

足元に広げた新聞紙を、足だけで丸めて蹴ります。遠くまで飛ばしましょう。

プラン／山口健一

隊形

間隔をあけて横並びに座り、足元に新聞紙を広げる。

ねらい

- 太ももの筋肉や腹筋などを鍛え、筋力の維持・向上を図る。
- 下肢を動かすことで体幹を鍛え、座位バランスの向上を図る。
- 新聞紙を足で丸めることで集中力を高め、また、蹴ることで気持ちを発散させる。

生活場面で役立つポイント

転倒予防／ひざや股関節の柔軟性・可動域の改善

用意するもの

新聞紙
1人1回につき全紙1枚。

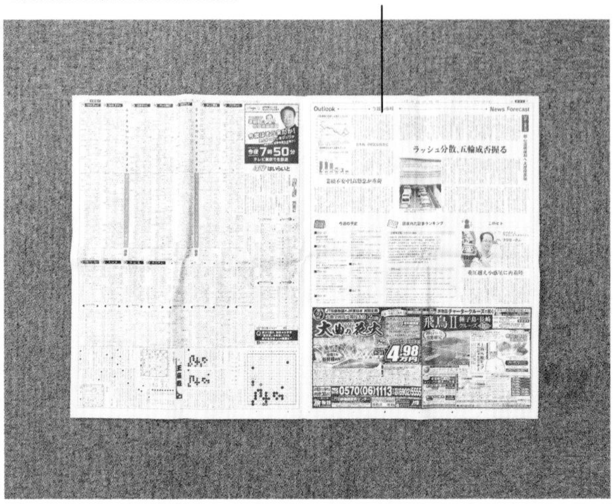

ルール

1. 利用者の足元に1枚ずつ新聞紙を広げる。スタートの合図で1分間、両足を使って新聞紙を丸める。

2. 1分経ったら、「せーの」の合図で新聞紙を蹴る。より遠くへ飛ばせた人の勝ち。

スタート！
足を開いたり寄せたり、持ち上げたりしながら、新聞紙を小さく丸める。

配慮のポイント

足を大きく蹴り上げるので、ひじかけを持ってしっかり体を支えるように声をかけましょう。また、バランスを崩して転倒することのないよう、利用者のそばで見守ります。

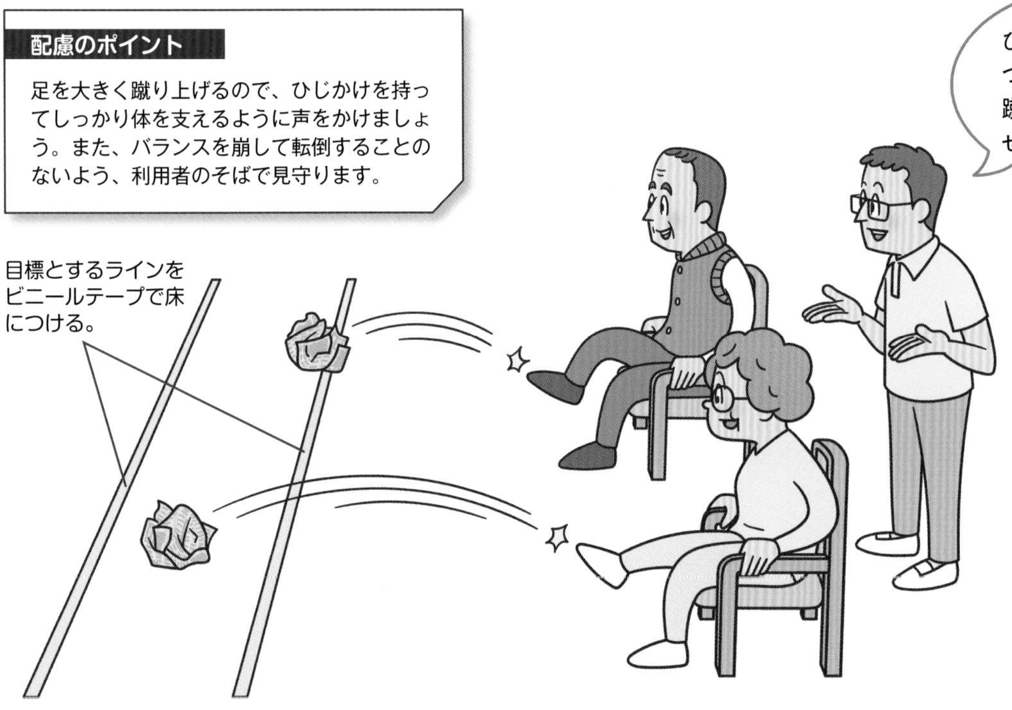
ひじかけをしっかりつかんで、思いきり蹴ってください。せーの！
目標とするラインをビニールテープで床につける。

こんなアレンジも

片方の手で行います。利き手でないほうの手だけで新聞紙を丸め、投げましょう。

少人数でできる　道具は使い終わったら捨てる

脳トレ 1 新聞から見つけようゲーム

新聞の紙面からお題の文字を探します。１人でもグループでも行えるゲームです。

プラン／山口健一

隊形

間隔をあけ、横並びでテーブルにつく。

ねらい

- お題の文字を探すことで集中力・注意力を高める。
- お題を記憶しながら探すという二重課題を同時に行うことで、脳の活性化を促す。
- 記事に目を通すことで見当識の向上を図り、また、興味・関心を引き出す。

生活場面で役立つポイント

もの忘れ防止／記事やニュースに触れることで、生活意欲が向上する

用意するもの

新聞紙

１人につき全紙１枚。

赤など色のついたペン

ホワイトボード

ルール

1. 利用者に新聞紙とペンをそれぞれ配る。探すお題を利用者に伝え、ホワイトボードに書き出す。お題は漢字で探しても、ひらがな・カタカナで探してもよい。

2. 見つけた文字にペンで丸をつける。すべて探し終わった人の勝ち。

文字を見つけたら丸をつけてくださいね
お題は大きく書き出し、漢字とひらがなの両方で書く。
花より団子
はなよりだんご

お題の例

・青い山脈	・にんじん
・リンゴの唄	・白米
・東京ブギウギ	・一石二鳥
・お祭りマンボ	・花より団子
・小松菜	・鬼に金棒
・とうもろこし	など

ものや人の名前、流行歌のタイトル、ことわざや慣用句など、いろいろなお題に取り組んでみましょう。なじみのある身近な言葉のほうが、興味･関心を持ちやすくなります。

配慮のポイント

探すのが難しい人には、紙面に登場しそうな短い言葉をお題にしましょう。

例:海(うみ)、家(いえ)

人との距離が保てる　道具を使わない

脳トレ 2

手と足で連続じゃんけん

手と足で連続してあと出しじゃんけんをします。考えながら体を動かすことが脳への刺激になります。

プラン／石田竜生

隊形

間隔をあけて、介護者が見えるように半円形に座る。

ねらい

- じゃんけんを通して、手指の巧緻性向上と下肢の筋力維持を図る。
- あと出しじゃんけんの「勝つ手」を考えることで、脳の活性化を促す。

生活場面で役立つポイント

多方面に注意を向けることで、転倒予防になる

用意するもの

ホワイトボード

コピー型紙を利用し、利用者が見やすいサイズにイラストを拡大コピーして、ホワイトボードに貼る。色を塗ってもよい。

	手のじゃんけん	足のじゃんけん
グー	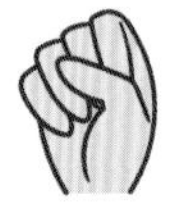	 足をそろえる
チョキ		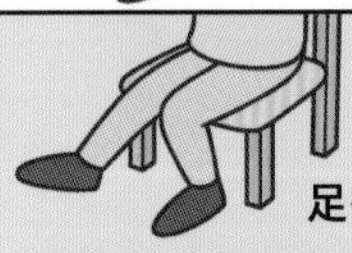 足を前後に出す
パー		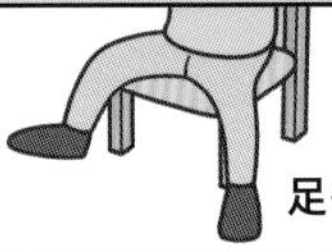 足を開く

型紙 p.86

ルール

1. 介護者にあと出しで右手で勝つ

介護者は、連続であと出しじゃんけんすることを説明し、動きを練習する。「じゃんけんポン」と言いながら介護者がじゃんけんの手を出したあと、「せ～の」の合図で利用者は右手で「勝つ手」を出す。

ポン！
介護者に右手で勝つ

グー、チョキ、パーのどれかを出しますので、「せ～の」と言ったらあと出しで「勝つ手」を出してください。じゃんけんポン！
せ～の！
手のじゃんけん
足のじゃんけん
グー
チョキ
パー

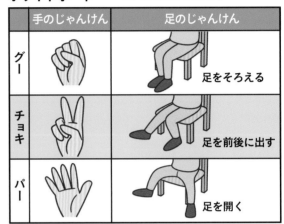

2. 自分の右手に勝つよう、左手でじゃんけんする

利用者は右手をそのままにし、今度は左手で「勝つ手」を考える。介護者の「じゃんけん」の合図で左手で「勝つ手」を出す。

皆さん、右手はチョキですね。
次はチョキに「勝つ手」を
左手で出します。
じゃんけん！　ポン！

え〜と、チョキに
勝つのは……
左手で
右手に勝つ

3. 左手に勝つよう、足でじゃんけんする

利用者は左手をそのままにし、今度は足で「勝つ手」を考える。介護者の「じゃんけん」の合図で足のじゃんけんで「勝つ手」を出す。

左手はそのままにして、
グーに勝つよう
足でじゃんけんしますよ。
じゃんけん！　ポン！

足でパーを
出すには……
両足で
左手に勝つ

配慮のポイント

足のじゃんけんが理解しづらい場合は、両手で交互にあと出しじゃんけんを続けるだけでも脳トレになります。

慣れてきたら

1.2.3を連続で行い「じゃんけんポン」「ポン、ポン、ポン」とテンポを早くしてみましょう。さらに脳への負荷がかかります。また「あと出しで負ける」ルールにすると難易度が上がります。

少人数でできる　道具に手を触れない

脳トレ 3 シルエット色当てクイズ

お題を見て何のシルエットかを考え、さらにその色を当てるゲームです。

プラン／山口健一

隊形

間隔をあけ、横並びでテーブルにつく。利用者の手が届く範囲で、テーブルにカラーカードを並べる。

ねらい

- 記憶をたどりながらシルエットと色を考えることで、脳の活性化を促す。
- 記憶力、思考力、集中力をはじめとする認知機能全般の向上を図る。
- 答えのカラーカードを指す動作で、上肢の機能や座位バランスの向上を図る。

生活場面で役立つポイント

もの忘れ防止／買い物や家事への意欲向上

用意するもの

シルエットクイズのお題
コピー型紙を利用し、利用者が見やすいサイズにお題を拡大コピーして台紙に貼る。

型紙 p.87

指差し棒
チラシを端から巻いてセロハンテープでとめ、棒状にする。1人に1本。

カラーカード
白・赤・オレンジ・ピンク・黄・黄緑・緑・茶・紫など。15cm × 15cm程度に切った色画用紙各色を、2人で1セット。

※ラミネート加工すると消毒でき、くり返し使える。

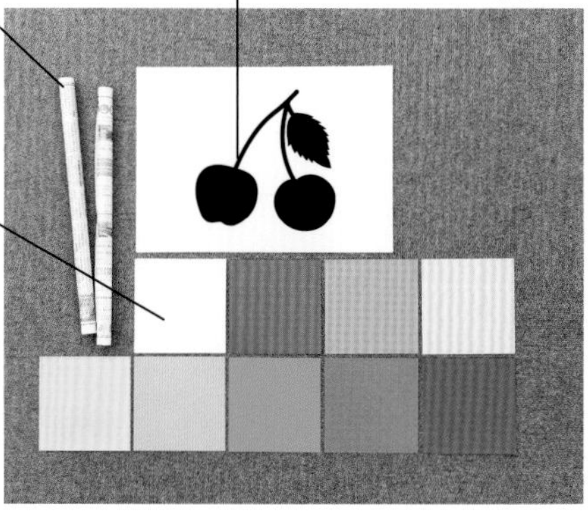

ルール

1. お題のシルエットを利用者に見せ、何の形か考えてもらう。答えがわかっても口に出さないよう、利用者に伝える。

2. 利用者は答えの色をカラーカードから探し、指差し棒を使って指す。

シルエットのお題の例

りんご（赤、黄緑）
ぶどう（紫、黄緑）
いちご（赤）
さくらんぼ（赤、ピンク、紫）
バナナ（黄）
大根（白、緑）
にんじん（オレンジ、緑）
玉ねぎ（茶、白）
長ねぎ（白、緑）
なす（紫）

お題によっては、色の答えが1つでないものもあります（大根なら葉の緑と根の白など）。正解を1つだけにせず、利用者がどんなことを考えて答えたかを大切にします。「なぜ、その色を選んだのですか？」「これをどんなふうに食べますか？」などを聞き、コミュニケーションを図りましょう。

これは何の
シルエットでしょう?
名前で答えず、ものの色を
考えて、棒で指して
くださいね
大根?
にんじん?
はい!

配慮のポイント

形が似ていて混同しやすいシルエットもあります。答えが出にくい場合は、「野菜です」「すりおろしたり、おでんに入れたりしますよ」など、ヒントを出しましょう。

少人数でできる　道具を使わない

指 1　指で語呂合わせ

お題の言葉から数の語呂合わせを考え、指の本数でその言葉を表します。

プラン／山口健一

隊形

間隔をあけ、横並びでテーブルにつく。

ねらい

- 答えの数を指で示すことで、手指の巧緻性の維持・向上を図る。
- 言葉を数に置き換えて考えることで、思考力の向上を図る。

生活場面で役立つポイント

ボタンをとめるなどの着衣動作、箸を持つなどの食事動作の改善

用意するもの

ホワイトボード

ルール

1. 介護者はお題の言葉を伝え、ホワイトボードに書き出す。利用者は言葉から連想できる数を考える。

2. 利用者は答えを指の本数で表す。

いちご、
いち……ご
いちご
2つの数の
組み合わせです
答えがわかったら、
指で数字を出して
くださいね

配慮のポイント

答えが出にくい場合は、「では、『いち・ご』と区切って考えてみましょうか」など、数をイメージしやすくするヒントを出しましょう。

お題の例

石　1・4
囲碁　1・5
インク　1・9
肉　2・9
西　2・4
サンゴ　3・5
サンキュー　3・9
シミ　4・3
城　4・6
ゴミ　5・3
午後　5・5

ゴム　5・6
浪人　6・2
虫　6・4
波　7・3
ナシ　7・4
橋　8・4
花　8・7
葉っぱ　8・8
救護　9・5
苦労　9・6
豆腐　10・2

おはよう　0・8・4
刺身　3・4・3
和み　7・5・3
名無し　7・7・4
悩み　7・8・3
はにわ　8・2・0
薬味　8・9・3
野菜　8・3・1
奥さん　0・9・3
いい風呂　1・1・2・6
四苦八苦　4・9・8・9

5より大きい数の場合は、両手で表現します

《肉の場合》

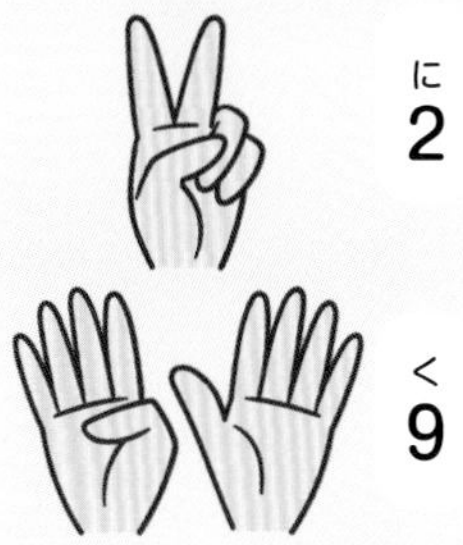
に
2
く
9

人との距離が保てる　道具を使わない

指 2

手洗い指体操

童謡「浦島太郎」のメロディに合わせて楽しくできる手洗い指体操。指のあいだや爪の先までていねいに洗う正しい手洗いを覚えましょう。

プラン／石田竜生

隊形

隣との間隔をあけて、介護者が見えるように半円形に座る。

ねらい

- 正しい手洗いを、歌いながら楽しく行う。
- 指全体を気をつけて動かすことで、手指の巧緻性の向上と脳の活性化を図る。

生活場面で役立つポイント

正しい手洗い時間（30 秒以上）と方法を意識する

用意するもの

ホワイトボード

ホワイトボードには、替え歌の歌詞を書いておく。

- まず、介護者が見本を示しながら、手の動きを練習しましょう。

指を組んで
指のあいだを
こすりましょう
手洗い指体操
ごしごし　ごしごし
手のひらを
石けん　泡だて
手の甲も
あいだは　特に
念入りに
どちらも　親指
根元から
何度も　指先
ていねいに
その爪の中も
忘れずに
向こうの手首の
根元まで
どちらも　あせらず
ゆっくりと

手洗い指体操

（元の歌詞「浦島太郎」）

1

（むかし　むかし　うらしまは）
ごしごし　ごしごし　手のひらを
（たすけた　かめに　つれられて）
石けん　泡だて　手の甲も
（りゅうぐうじょうへ　きてみれば）
あいだは　特に　念入りに
（えにも　かけない　うつくしさ）
どちらも　親指　根元から

2

（おとひめさまの　ごちそうに）
何度も　指先　ていねいに
（たいや　ひらめの　まいおどり）
その爪の中も　忘れずに
（ただ　めずらしく　おもしろく）
向こうの手首の　根元まで
（つきひの　たつのも　ゆめのうち）
どちらも　あせらず　ゆっくりと

歌に合わせて、指体操をしましょう

介護者が指体操の歌をうたい、それに合わせて利用者は手指を動かします。

❶ごしごし　ごしごし　手のひらを

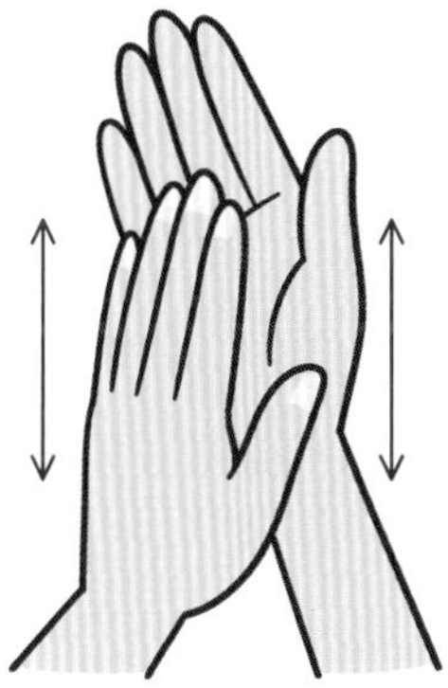

両手のひらをこすり合わせる。

言葉かけ例

- 最初は手のひらを合わせてこすります。
- 大きく動かして全体をこすり合わせましょう。

❷石けん　泡だて　手の甲も

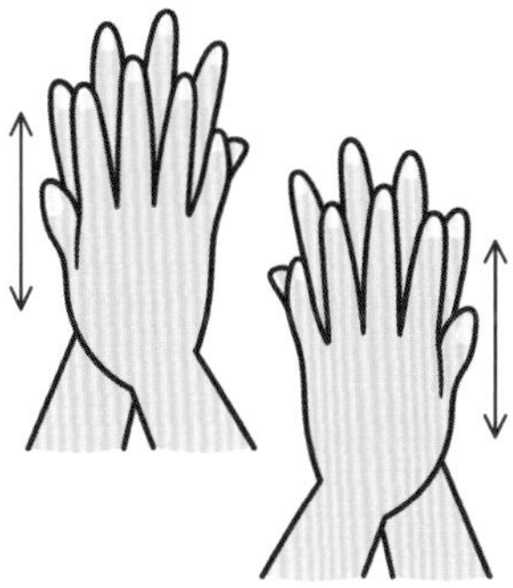

手の甲に反対の手を重ね、こする。左右の手を入れ替えて、こする。

言葉かけ例

- 手の甲に反対の手を重ねてこすります。
- 手の甲は忘れやすいので、しっかり洗いましょう。

❸あいだは　特に　念入りに

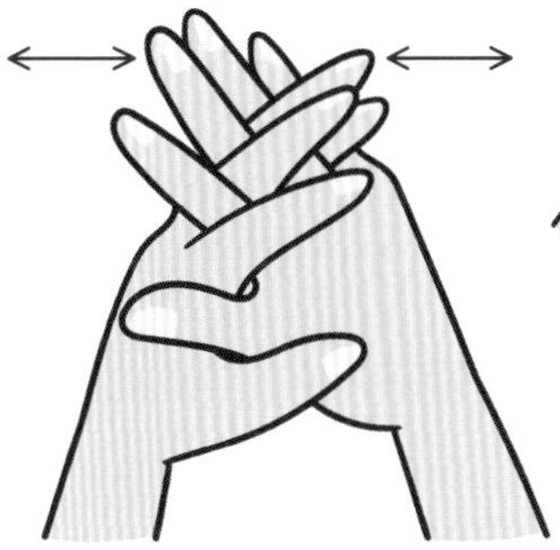

指を組んで両手の指のあいだをこする。

言葉かけ例

- 指のあいだを洗いますよ。汚れているので、ていねいに洗ってくださいね。

❹どちらも　親指　根元から

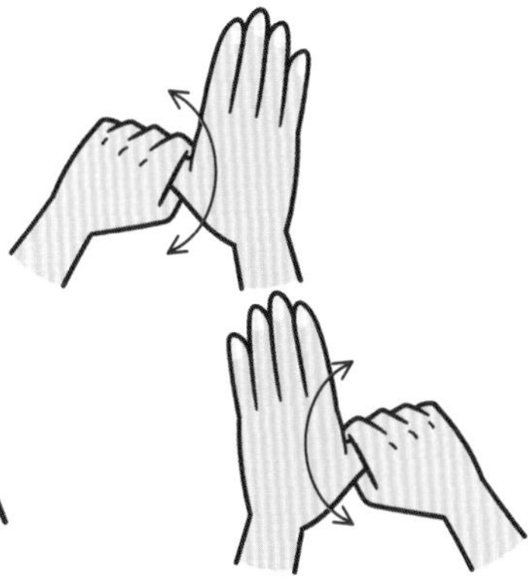

親指を反対の手で握って、回すようにこする。左右を入れ替えて、こする。

言葉かけ例

- 親指を反対の手で握って回しましょう。
- 親指のつけ根をしっかり洗います。

❺何度も　指先　ていねいに

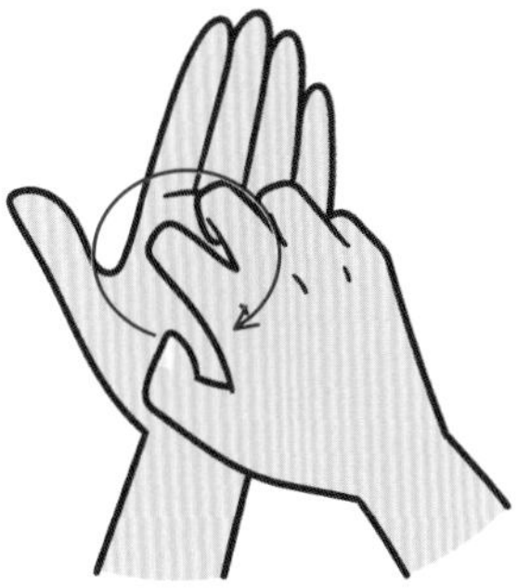

手のひらに反対の手の指先を立て、円を描くように動かす。

言葉かけ例

- 爪の中を洗います。手のひらに反対の手の指先をつけて、爪を立てながら丸く回しましょう！

❻その爪の中も　忘れずに

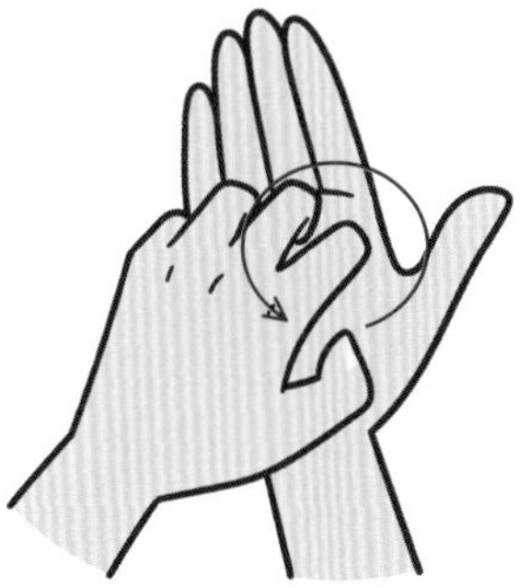

左右を入れ替えて、同じように動かす。

言葉かけ例

- 指先をしっかりこすってくださいね。

❼向こうの手首の　根元まで

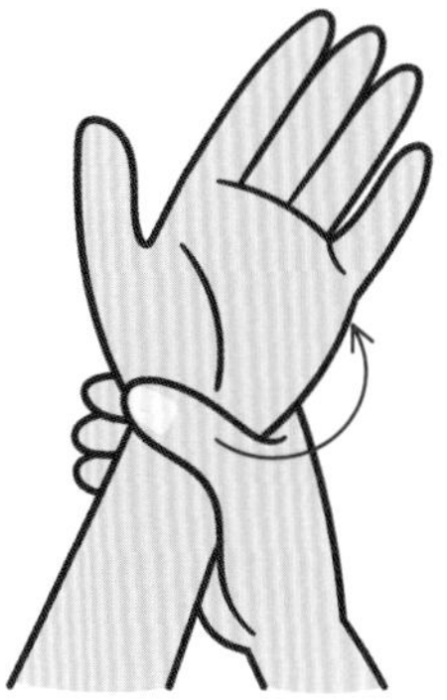

手首を反対の手で握って、回す。

言葉かけ例

- 最後は手首ですよ。反対の手でしっかり手首をつかんでくださいね。

❽どちらも　あせらず　ゆっくりと

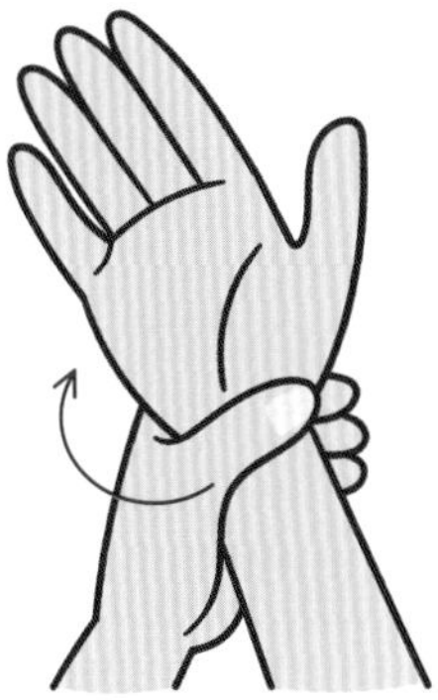

左右を入れ替えて、同じように回す。

言葉かけ例

- 手首の周りをぐるりと回すように動かしましょう。ゆっくりでいいですよ！

人との距離が保てる　道具を使わない

指 3 サル・ウサギ・カニ

動物の名前に反応して手指を動かすゲーム。動きを覚えて瞬時に体を動かすことが脳トレになります。

プラン／石田竜生

隊形

間隔をあけて、介護者が見えるように半円形に座る。

ねらい

- 聞いた動物名から、決められたポーズをすることで脳の活性化を図る。
- 言葉と動作を関連して考えることで、判断力、思考力向上を促す。

生活場面で役立つポイント

手指の巧緻性の向上／他者とのコミュニケーション

用意するもの　ホワイトボード

コピー型紙を利用し、利用者が見やすいサイズにイラストを拡大コピーして、ホワイトボードに貼る。

型紙 p.88

動物名	サル	ウサギ	カニ
ポーズ			
動き	両手で両耳をつまみ、引っ張る	頭の上で両手のひらを上下に動かす	両手でチョキの形を作り、指を開いたり閉じたりする

ルール

1. 介護者が言った動物のポーズをとるよう利用者に説明し、動きを練習する。介護者が「サル」「ウサギ」「カニ」の１つを言い、利用者は正しいポーズをとる。

サル、ウサギ、カニのどれかを言いますので、聞いたらすぐにポーズをしてくださいね
サル！
サル
ウサギ
カニ
え〜と、サルのポーズは……

ウサギ
カニ
ウサギ
カニ
少し、難しくなりますよ。私が２つ動物の名前を言うので、皆さんは連続してポーズをしてください

慣れてきたら

介護者は連続して２つ、３つの動物名を言い、利用者は連続してポーズをとります。

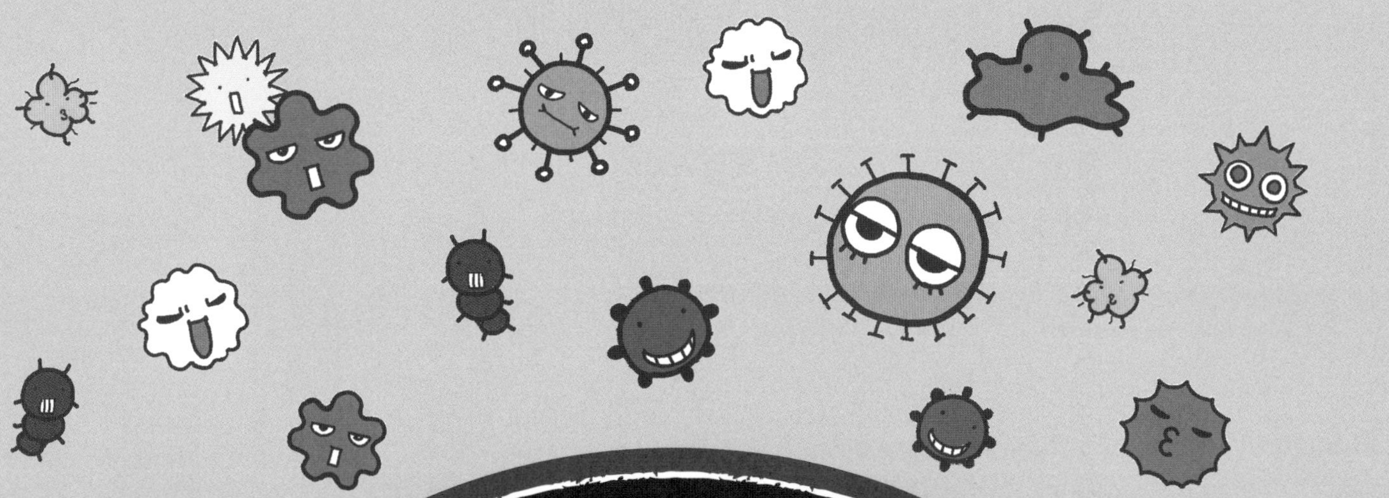

知って
おきたい！
感染症11

感染症にはさまざまな種類がありますが、
特に高齢者に多くみられる11の感染症を取り上げます。
施設での感染リスクを抑えるために、基本知識と予防・対応策を確認し、
正しい知識を身につけて、感染対策をしましょう。

監修 藤井達也（ふじい たつや）

春日部嬉泉病院内科部長。1989年防衛医科大学校医学科卒業。同医大、自衛隊中央病院内科に勤務後、1992年第1次カンボジア派遣施設大隊衛生班医官等を経て、2004年第3次イラク復興支援群衛生隊診療班長。感染症の分野において国内外で活躍。2013年河北総合病院にて安全感染管理室長・感染症内科部長、副院長を務め、2018年6月より現職。

イラスト／尾代ゆうこ

新型コロナウイルス感染症

高齢者や持病がある人は感染すると重症化しやすい

新型コロナウイルスに感染しても、約80%以上の人は軽症で経過し、治癒に至ります。しかし、残りの20%近くの人は重症化し、5～10%は人工呼吸管理など集中治療が必要となります。

日本では、50歳代までの致死率（感染して死亡する確率）は1%以下ですが、60代、70代、80代以上の致死率はそれぞれ2・9%、9・5%、19・9%（2020年8月12日時点）と、高齢になるほど高くなります。また、高血圧・糖尿病・慢性呼吸器疾患などの持病があったり、肥満や喫煙歴があったりすると、リスクが高くなることが知られています。また、回復してからもだるさや呼吸苦、さまざまな痛みなどの症状がいつまでも続く人が少なくないことが問題となっています。

診断には3つの検査があるが特性が異なるので医師に相談を

検査は、次の3つの方法があります。

●PCR検査……鼻や咽頭をぬぐって細胞を採取し、ウイルスの遺伝子を増幅させ、新型コロナウイルス遺伝子の特定部分の有無を調べます。発症から9日以内であれば、唾液からの検査も可能です。

●抗原検査……PCR検査同様、鼻や咽頭をぬぐった細胞、または唾液から、ウイルスのタンパク質を検出することで、今、感染しているかどうかを調べます。

●抗体検査……ウイルスに感染後、人の体内でつくられた抗体（タンパク質）を測る方法です。

各検査法で意義と適応、特性が異なるため、詳しくは医師に相談してください。

コロナウイルスとは?

主に“風邪”症状を起こす代表的なウイルスの一つ。下記のものは重症化をきたします。

重症急性呼吸器症候群コロナウイルス（SARS-CoV）

2002年、中国および東南アジアで集団発生した、急性で重症の呼吸器症候群の原因として2003年に特定されたウイルス。

新型コロナウイルス(SARS-CoV-2)

2019年12月、SARSに似てヒトからヒトへ感染し、急性肺炎などの症状を起こす致死率の高い新たなコロナウイルスが発見される。新型コロナウイルスによる感染症はCOVID-19と呼ぶ。

発症すると

発症～1週間程度

風邪の症状が起こる

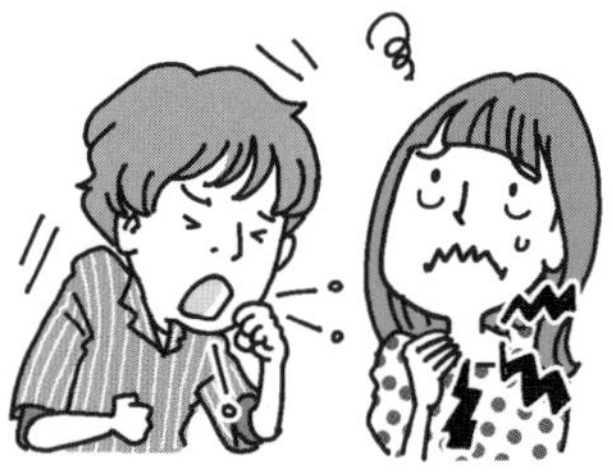

約80%の人は軽症のまま治癒する。

1週間前後

1週間～10日

呼吸困難や咳・痰の症状

約20%の人が肺炎の症状悪化により入院。

10日前後

10日以降

自発呼吸が難しくなる

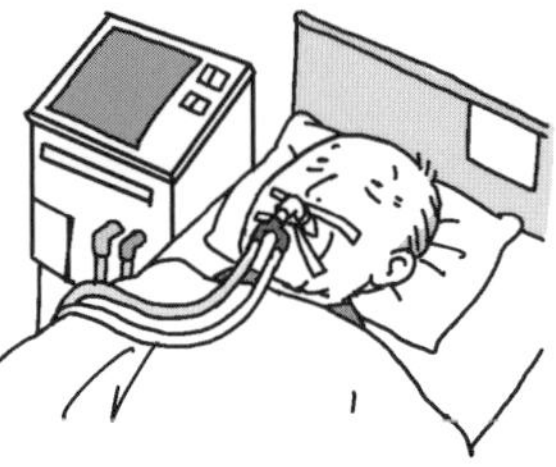

約5～10%の人は重症化し、集中治療室での人工呼吸管理が必要に。

DATA

主な症状

発熱、咳、だるさ、咽頭痛、頭痛、関節痛、筋肉痛、眼の痛みや結膜の充血、痰、息切れ、呼吸困難、まれに下痢や吐き気・嘔吐。
なお、一部の人には味覚障害、臭覚障害が出現。ただし、感染しても無症状の場合もあります。

病原体 新型コロナウイルス(SARS-CoV-2)

潜伏期間 1～14日（多くは4～6日）

治療法

●軽症
経過観察のみで自然に軽快するため、必要な時のみ熱を下げる解熱薬や咳止め薬など対症療法が行われます。

●中等症以上
入院治療が行われます。酸素投与やレムデシビルなどの薬剤投与が考慮されます。

●重症
人工呼吸管理や体外式膜型人工肺(ECMO)が必要。症例によっては、透析や抗凝固療法が行われます。

※新型コロナウイルスについては、2021年6月4日現在の情報を基にしています。

感染ルート

飛沫感染

接触感染

主に飛沫（くしゃみ、咳、唾液など）により感染者から放出されたウイルスを口や鼻から吸い込んで感染します。ウイルスが付着した物に接触することで感染する場合もあります。

感染が生じやすい条件

3つの条件が同時に重なると感染拡大のリスクが高まります。

1 換気の悪い密閉環境
2 多くの人が密集する場所
3 飛沫を直接浴びるような密接した場面

感染予防

3つの「密」を回避し手洗いの徹底とマスクの着用を

密閉・密集・密接という3つの「密」を回避し、感染の可能性がある人とは十分な（1～2m以上の）ソーシャルディスタンスをとることが感染予防にとって重要となります。

加えて、手洗いなど、左の4つのケアをしっかりと行うことが大切です。

手指衛生

石けんと流水による手洗いや、アルコール製剤を用いた頻回の手指衛生を行う。

1ケア1手指衛生

体を拭くなど、1人に対して1つのケアが終わったら、必ず手指衛生を行い、次のケアをすることを習慣づけましょう。

70％以上の濃度のアルコールや0.02～0.1％の次亜塩素酸ナトリウムによる清拭・除菌

ドアノブやベッドの手すりなど、ウイルスが付着しやすい部位を拭きます。誰かが触れる前に行うことが大切。ただし、消毒薬の噴霧や、すべての床や壁など大掛かりで広範囲な清掃は必要ありません。

使用した食器やリネンの消毒

リネンの消毒は、通常の熱水洗浄（80℃、10分間）でよいとされますが、環境を汚染しないよう、袋等に入れて運ぶようにしましょう。

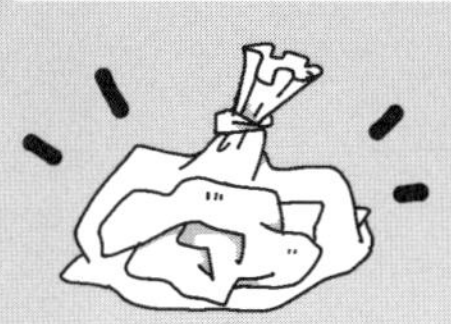

自身が感染源にならない

マスクその他の個人防護具を正しく着用します。症状発現の2日ほど前より感染性を発揮する可能性があるため、室内では常時サージカルマスクの着用を勧めます。

マスク着用時には、粘膜を守るため、顔を不用意に触らないよう心がけること。また、熱中症予防として十分な水分補給をし、屋外や運動時にはマスクをはずしましょう。

◎感染症の持ち込み防止の観点から、施設内での面会は原則的に禁止することが望ましいですが、特別な事情がある場合はこの限りではありません。介護職員のため感染対策のポイントをまとめた動画が厚生労働省より公開されているので、参考にしてください。

YouTube　介護職員のためのそうだったのか！感染対策！　検索

発生時の対応

感染者を隔離し医療関係者に連絡

感染が疑われる利用者や介護職員が発生した場合、呼吸器症状の有無にかかわらず、基本的には疑われる人にサージカルマスクを着用してもらい、ほかの利用者とは一定の距離を置くようにします。可能ならば、個室管理が望まれます。

疑われる症状がみられる利用者が発生した場合には、すぐに医療関係者に連絡をし、指示に従いましょう。

ほかの利用者と距離を置く

新型コロナウイルス ワクチン接種

利用者がワクチン接種する際に
知っておきたい基礎知識と、
注意点を紹介します。

新型コロナウイルス

ワクチンって？

ワクチンは有効

日本で承認され、接種が行われているファイザー社やモデルナ社などのワクチンの場合、ワクチンを受けた人のほうが受けていない人よりも新型コロナウイルス感染症の発症が少ないということがわかっています。発症予防効果はいずれも約95%と報告されています。また、ファイザー社ワクチンの場合、感染そのものを防ぐ感染予防効果と、症状が出ても重症にならない重症化予防効果はそれぞれ92%と報告されています。これは、かなり高い数字といえましょう。

なお、ワクチンの接種で十分な免疫ができるのは、2回目の接種を受けてから7日程度経ってから最大半年後までとされています。

表1【日本国内で承認されたワクチンの種類と特徴】　2021年6月4日現在

開発企業	ファイザー / ビオンテック	モデルナ	アストラゼネカ
ワクチンの種類	mRNAワクチン		ウイルスベクターワクチン
保存温度	－90～－60 ℃	－20 ℃	2～8 ℃
接種回数	2回（21日間隔）	2回（28日間隔）	2回（28～84日間隔）
接種方法	筋肉注射		
予防効果	発症予防効果……95% 感染防止効果……92% 重症化防止効果……92%	発症予防効果……94.1% 感染防止効果……90% 重症化防止効果……試験では99%	発症予防効果……70.4% 重症化防止効果… 添付文書上100%
ハイリスク層に対する効果	65歳以上の ワクチン有効率……94.7%	重症化リスク群……90.9% 65歳以上……86.4%	（不明）

＊コミナティ筋注添付文書 / 海外における臨床試験より

副反応・リスクを知っておく

ワクチン接種後に接種との因果関係がある好ましくない症状を「副反応」と呼びます。新型コロナウイルスのワクチンの副反応には、注射した部分の痛み、倦怠感、頭痛などの副反応があります（表2参照）。人それぞれ症状の現れ方は異なり、1回目接種後は注射した部分の痛みだけだったのに、2回目の接種後には発熱がしばらく続くなど、1回目より2回目のほうの副反応が強く出ることがあります。

また、まれに起こる重大な副反応として、**アナフィラキシー**がありますが、ファイザー社やモデルナ社のワクチンでは10万人に1人未満といわれています。さらに、アナフィラキシーとは異なるメカニズムで接種後30分以内に失神や気分不快が起こる場合もあります。

介護職員は、接種リスクを十分理解した上で、対応することが大切です（接種後の対応は62ページ）。

表2【ワクチンの主な副反応】　＊ファイザー /ビオンテックワクチンの場合

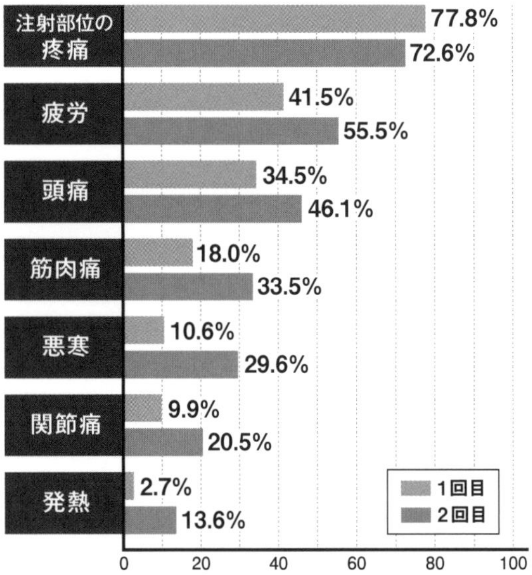
注射部位の疼痛
77.8%
72.6%
疲労
41.5%
55.5%
頭痛
34.5%
46.1%
筋肉痛
18.0%
33.5%
悪寒
10.6%
29.6%
関節痛
9.9%
20.5%
発熱
2.7%
13.6%
1回目
2回目
0
20
40
60
80
100

＊「添付文書　17 臨床成績 17.1 有効性及び安全性に関する試験 17.1.1 海外第Ⅰ／Ⅱ／Ⅲ相試験（C4591001試験）第Ⅱ／Ⅲ相パート」より引用

介護度の高い人に接種した場合には、ワクチン接種との直接の因果関係はなくとも、接種後に持病や状態が悪化し急変する可能性があります。また、発熱や疲労といった通常は軽いはずの副反応が容態悪化を助長する可能性もあります。そのため、明らかな発熱を呈している、あるいは重篤な急性疾患にかかっている、などの接種不適当者に該当する場合、あるいは全身状態が一時的に悪化している場合には、体調が改善するまで接種を延期するべきです。

アナフィラキシーとは

体内にアレルギーの原因物質（アレルゲン）が侵入することで、複数の臓器や全身に現れるアレルギー症状のことをいいます。アナフィラキシーによって、血圧の低下や意識障害を引き起こされるのがアナフィラキシーショックで、対応が遅れると命が危険な状態になります。ただし、接種会場ではアナフィラキシーの対応策がとられています。万が一、ワクチンの接種によって健康被害（予防接種によるものだと認定が必要）が生じた場合には、国による予防接種健康被害救済制度があるので、各自治体にご相談ください。

新型コロナウイルス

ワクチン接種までの流れ

1 利用者や家族にわかりやすく説明をする

接種のメリットとデメリットの両面を丁寧に伝えることを心がけましょう。デメリットの副反応についても、一定期間だけでずっと続くものではないことや、接種後すぐに急変しても医師がきちんと対応してくれるから心配ないことを説明し、不安にさせないことが大切です。

メリット

- 新型コロナウイルス感染症を予防できたり、たとえ発症しても重症化を防いだりすることが期待できます。
- 施設の利用者ができるだけ多く接種することで集団免疫ができ、施設内でのコロナ蔓延を防ぐことができます。

具体的な声かけ例

ワクチンを打つと、コロナにかかりにくくなります

ワクチンを打つと、周りの人にもうつらなくなるから安心です

デメリット

- 接種後には、痛みや倦怠感、発熱などの症状が現れることがあります。
- 介護度が高い人は、因果関係がなくても接種後に状態が急変、悪化する可能性があります。
- 新型コロナウイルスの蔓延が続くなかでは、ワクチンが効かない変異株によって、接種しても感染してしまうことがあります。

具体的な声かけ例

注射したところが少し痛くなるかもしれないけど、そのうち痛みはなくなるから大丈夫ですよ

ワクチンを打った後、体調が悪くなっても、それは一時的なものだから心配ありませんよ

2 利用者、家族の同意を得る

ワクチンは、強制的に接種することはできません。利用者自らの意思で同意書にサインをし、受けるのが基本です。

本人が接種を希望しているものの、何らかの理由で同意書へのサインが困難な場合は、インフォームドコンセント（説明・理解・合意）や代筆などを家族に協力してもらうことは可能ですが、受ける本人の同意なく接種することはできません。

認知症の人、精神疾患のある人への対応

認知症や精神疾患などで本人の接種意思を確認しにくい場合は、家族や身近な人に協力してもらい、表情などから本人の意向を丁寧にくみ取るなどして、意思確認を行いましょう。

本人が接種しないことを選択した場合

最初から接種しないことを選択した場合や、当初は同意をしていても当日や接種直前に拒否した場合は、受けない意思を尊重します。家族に協力してもらい同意書にサインした場合も、当日本人が拒めば無理に接種できません。家族には、前もってその場合もある旨を伝え、了承を得ておくようにしましょう。

必ずしも全員が接種しなくてもOK

ある感染症に対して、ある社会の構成者が一定以上の割合で免疫を有していれば、その社会で新規に感染者が発生しても流行しないことを「集団免疫」と呼びます。新型コロナの場合、施設内で約6割の人がワクチンなどによって免疫を有していれば蔓延防止につながります。

新型コロナウイルス

ワクチン接種後に気をつけること

接種後は、生活の中で利用者をよく観察し、気になる症状がある場合は、医師に相談しましょう。

アナフィラキシーショックに注意

接種直後は、原則として背もたれのある椅子で15分以上休んでもらいます。アナフィラキシーの既往のある人は30分以上、接種会場で医師の経過観察が必要です。

15分

ワクチンを受けた人、受けなかった人への対応

周囲の人が接種を強制したり、接種を受けていない人に対して差別的な対応をしたりすることはあってはなりません。
ワクチン接種した人も接種していない人も、ともに同じ空間で過ごすのですから、ワクチン接種の有無にかかわらず、三密の回避、適切な手洗いやマスクの着用などの従来の感染防止策を継続して行うようにしましょう。介護職員も同様です。

こまめに手を洗う▶
◀マスクを常時着用

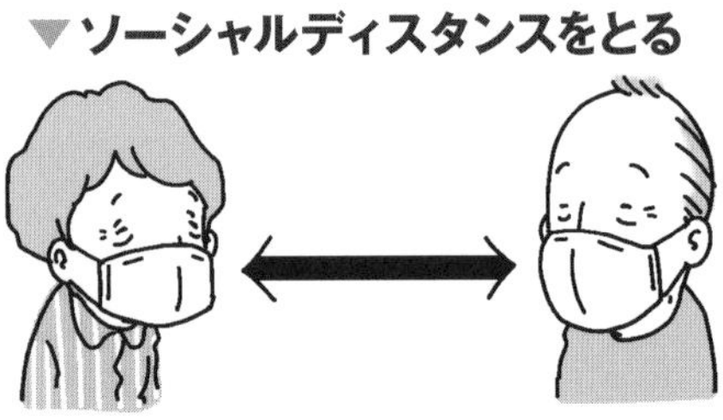
▼ソーシャルディスタンスをとる

副反応から急変しないか注意

接種後には、副反応が生じることを理解し、普段以上に利用者の様子や体調に気を配ることが大切です。倦怠感から食欲不振に陥ることもあります。軽い副反応と思われる症状でも、症状が長引くまたは重くなっていく場合は、医師に相談しましょう。また、1回目の接種よりも2回目のほうが副反応の症状が重くなる傾向にあります。医師と連携をとりながら、様子をみましょう。

食欲は
出てきたみたい

体調の変化を伝えられない人には

体調の異変は、接種後2日以内に起こることがほとんどです。特にその期間は、副反応(60ページ参照)が生じていないか気を配ることが大切です。なお、ワクチンによる発熱か、新型コロナウイルス感染症による発熱かを見分けるには、発熱以外に、咳や咽頭痛、味覚・嗅覚の消失、息切れ等の症状がないかどうかが、手がかりとなります。ワクチンによる発熱では、通常、これらの症状はみられません。これらの症状がみられる場合や、接種後2日以上熱が続く場合、症状が重い場合は、医師に相談しましょう。

いつもより
疲れているかも。
接種による
倦怠感かな。
注意して見守ろう

接種当日の入浴

ワクチンを接種した日に入浴してもかまいません。
ただし、注射をした部位を強くこすらないようにしましょう。

インフルエンザ（季節性）

冬に流行する重症化しやすい感染症

インフルエンザとは、インフルエンザウイルスによって起こる感染症です。

国や地域によって流行が起きる季節があることから〝季節性〟インフルエンザとも呼ばれ、日本では12月～3月に流行します。

インフルエンザには、A型、B型、C型の3つのタイプがあり、毎年流行する型は違います。

特徴は、発熱（38℃以上の高熱）や頭痛、全身の倦怠感、筋肉痛・関節痛などの症状が、突然現われることです。しかも風邪と違って症状が強く、肺炎などを合併しやすいばかりか、高齢者などでは入院や死亡する症例が少なくありません。

そのため、一般の風邪と区別して、「重症になりやすい感染症」として扱われています。

DATA

主な症状

（突然の）38℃以上の発熱、頭痛、関節・筋肉痛、咳、だるさ、咽頭痛、鼻汁・鼻づまりなど。

病原体

インフルエンザウイルス（主にA型［H1N1やH3N2］とB型）

潜伏期間 1～3日　**罹病期間** 約1週間

治療法

薬の服用、安静と休養。十分な水分と栄養の摂取を心がけること。
高熱が続く、意識状態が悪い、呼吸が苦しいなどの症状があれば、早めに医療機関を受診し、治療を受けることが大切です。

感染ルート

飛沫感染

接触感染

感染予防

3原則を基本に加湿も心がけて

介護現場での感染を防ぐために、介護者が下図のような基本3原則を徹底するのはもちろん、日常生活においても人混みや繁華街への外出を控えることが大切です。

また、喉や鼻の粘膜が乾燥すると、ウイルスの侵入を防ぐ機能が低下します。乾燥させないよう、加湿器などで部屋の湿度を適度に保つようにしましょう。

発生時の対応

感染者はサージカルマスクを着用、個室管理を

感染が確定、あるいは疑われる利用者、介護者が発生した場合は、飛沫感染を防ぐためにサージカルマスクを着用してもらい、ほかの利用者・介護者とは一定の距離を置くか、可能であれば個室管理をします。

医療関係者への連絡のほか、施設内での流行を防ぐため、必要に応じて抗インフルエンザ薬の予防内服などの対応をします。

介護者に インフルエンザ感染の疑いがある時

●無理せず休む

免疫力が低下している利用者への感染を防ぐためには、「休む勇気」も必要です。

●医療機関を受診する

早めの治療が大切です。

◎学校保健安全法では、季節性インフルエンザに罹患した場合、「発症した後5日を経過し、かつ、解熱した後2日（幼児では3日）を経過するまで」出席を停止するという基準があります。

介護者が行う インフルエンザ予防の基本3原則

マスクの着用と手指衛生

＋

ワクチンの接種

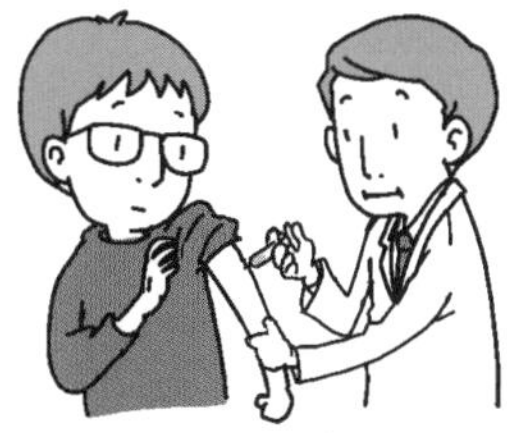

流行期に入る前に、発症あるいは重症化の予防に有効なワクチンを接種します。

介護現場にウイルスを持ち込まない

家族が感染したら、仕事を休みましょう。

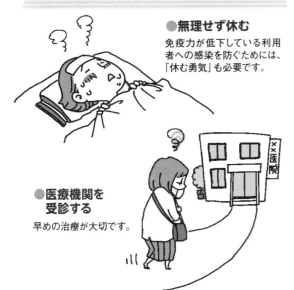

結核

現在も国内の主要な感染症で大半は肺に感染

結核は、結核菌によって起こる感染症で、高齢者、病気療養中や病後、免疫の低下した人に発症しやすい病気です。

日本では明治以降、国内に蔓延し、「国民病」と呼ばれました。現在は薬で治るようになりましたが、いまだ日本では年間約1万7000人が発症しています。

感染しても、すぐには発症しません。大半は無症状に終わりますが、時間が経ってから発症するケースもあります。初期は風邪の症状に似ており、その症状が長期に持続、またはよくなったり悪くなったりをくり返すのが特徴です。

感染者の80％は肺への感染ですが、全身の臓器・器官に感染します。肺結核、腸結核、結核性リンパ節炎、結核性髄膜炎、結核性脊椎炎（脊椎カリエス）など、強い症状を呈する部位の前後に「結核」という病名がつけられます。

DATA

主な症状

1週間以上続く咳や痰、発熱、寝汗、食欲不振、体重減少、だるさなど。ときに血痰・喀血（肺結核）。

※感染した臓器や器官によって異なります。

病原体 結核菌

罹病期間 6か月以上

潜伏期間 数か月～2年（60％が1年以内）

治療法

化学療法が中心。イソニアジド、リファンピシン、エタンブトール、ピラジナミドなどの抗結核薬3～4種類を2か月、その後1～2種類を4か月間以上服用します。感染拡大の恐れがある場合には、患者が隔離されることもあります。

若い頃に感染した人が高齢になって結核を発症することも多い

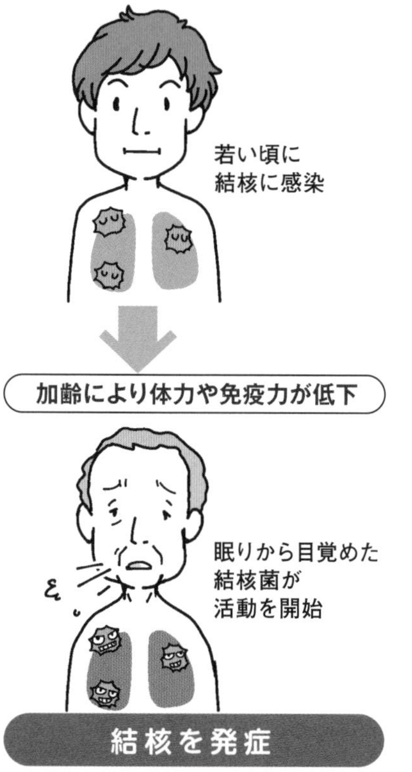
若い頃に
結核に感染
加齢により体力や免疫力が低下
眠りから目覚めた
結核菌が
活動を開始
結核を発症

◎高齢者のなかには、結核がまん延していた頃はまだ若く、結核菌に感染していても発症していない保菌者もいるので、日常のケアで健康状態をよくチェックすることが大切です。

感染ルート

空気感染　**飛沫感染**

肺・喉頭・気管支など呼吸器に病巣のある結核患者は、重症化しやすいので要注意です。

感染予防

換気、咳エチケットの徹底と定期的に健診を受けること

空気感染予防策としては、咳エチケットを徹底させること。

また、結核菌は日光下では数時間で死滅しますが、暗く狭く換気の悪い環境だと、感染が拡がりやすくなるので、日光浴や部屋の換気をこまめに行うことが重要です。

結核は発症までに時間がかかる場合が多いので、介護者、利用者は日頃から定期的な胸部X線検査や健康診断を受けておくとよいでしょう。

BCGというワクチンを生後1歳までに1回接種すると、重症の結核を予防する効果が10年以上続くと期待されますが、一般に成人は対象外です。

結核菌は日光の
下で死滅する

発生時の対応

感染者を個室管理し部屋を換気、介護者はN95マスクを着用

結核とわかったら、保健所に連絡して指示を仰ぎます。

また、飛沫核は30分程度空気中を漂うため、感染した人を個室管理し、5～10分ごとのこまめな換気をします。

発症者と接触した介護者は、個別の健診対象となります。結核に感染したと診断された場合は、抗結核薬で治療します。

発生時の対応の原則

- 結核に関する種々の指針・手引きや保健所等の指示に従う。
- 結核と診断されたら、直ちに保健所に届け出る。
- 感染者を個室で管理し、5～10分ごとに換気をする。
- 空気感染対策として、介護者は必ずN95マスクを着用し、発症者にはサージカルマスクを着用してもらう。

ノロウイルス

集団感染しやすい感染力の強い冬の食中毒

ノロウイルスは、急性胃腸炎の原因ウイルスの一つです。日本では、冬から春にかけて発症者が多くなり、〝冬の食中毒〟として知られています。

感染力が非常に強く、病院や介護施設などで集団感染が起きたりすることも少なくありません。

特に、介護施設は抵抗力の低下している高齢者が多いこと、介護職員が複数の利用者のケアを行っていること、そして生活の場として食堂やトイレなどを共同で使っていることなど、ノロウイルスが発生しやすい環境にあります。

感染しても多くは数日で自然に回復しますが、高齢者は重症化しやすく、脱水や、嘔吐物による誤嚥・窒息なども起こりやすいので要注意。予防はもちろん、嘔吐物を正しく処理するなど、感染を拡げないことが重要です。

DATA

主な症状
吐き気、嘔吐、下痢。ほかに腹痛、頭痛、発熱、筋肉痛、咽頭痛、だるさなど。

病原体 ノロウイルス

潜伏期間 1～2日

罹病期間
多くは数日間（ただし感染者は1週間～1か月程度糞便中にウイルスを排泄）。

治療法
有効な抗ウイルス剤はなく、整腸剤や吐き気止めなどの対症療法を行います。
脱水症状を起こしやすいので、十分な水分摂取が必要ですが、吐き気や嘔吐が強く経口摂取が困難な場合には、点滴治療も行われます。なお、回復を遅らせる可能性があるため、下痢止め薬は推奨されません。

感染ルート

接触（経口）感染
塵埃《じんあい》感染

ヒトからヒトへの感染経路は主に接触感染ですが、床や器具・リネンに散布されたウイルスが乾燥し、埃とともに舞い上がって比較的狭い空間内で感染が拡大します。これは厳密には空気感染ではなく、塵埃《じんあい》感染と呼ばれています。

ノロウイルスの感染経路

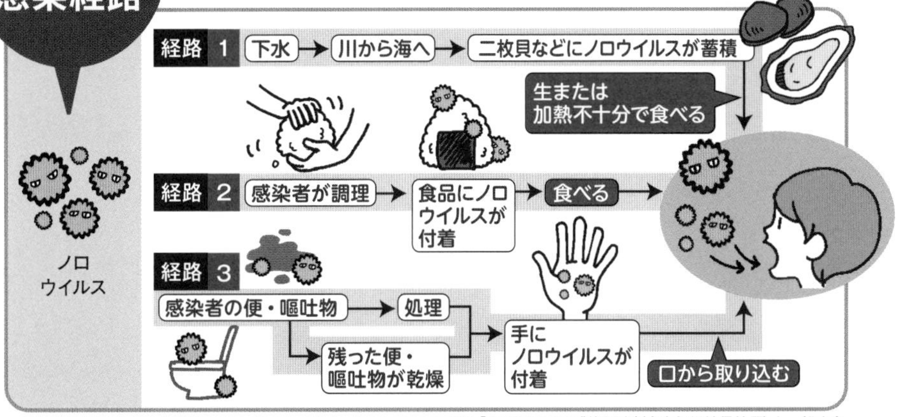
経路1
下水
川から海へ
二枚貝などにノロウイルスが蓄積
生または加熱不十分で食べる
経路2
感染者が調理
食品にノロウイルスが付着
食べる
経路3
感染者の便・嘔吐物
処理
残った便・嘔吐物が乾燥
手にノロウイルスが付着
口から取り込む
ノロウイルス

出典：「ノロウイルスの感染経路」（東京都福祉保健局）を一部改変

感染予防

手指衛生、消毒、便・嘔吐物への対応を準備

感染者の便や嘔吐物の中には、極めて多量（1gあたり100万～10億個）のノロウイルスが含まれています。利用者の突然の嘔吐にも適切に対応できるように準備をしておきましょう。有効なワクチンはありません。

●手指衛生
ケアの前後、自身の食事の前後、トイレのあとも石けんと流水でよく手指を洗います。

●嘔吐物の処理のための準備
マニュアル化して、誰でもできるようにしておきます。また、必要な備品の準備、正しい防護具の着脱法もマスターしておきましょう。

●おむつ交換
手袋、マスク、エプロンの着用。1ケアごとに交換、手指衛生をします。使用後のおむつはビニール袋に入れて密閉、指定の場所に捨てましょう。

●消毒
ノロウイルスには、85℃以上1分間以上の加熱や、0.02％以上の次亜塩素酸ナトリウムなどによる消毒が有効。乾燥やアルコール消毒は無効です。消毒液の作り方・希釈要領をマニュアル化しておくと便利です。

発生時の対応

発生状況の把握、感染拡大の防止、情報共有

施設内での感染を拡げないよう、利用者の便や嘔吐物を扱う場合は、適切な対応をしましょう。

感染者嘔吐物の処理

❶ 感染者の嘔吐物は、広範囲（高さ1mから半径2m程度）に飛散し、床など周囲環境や靴・衣類等が汚染されるので、手袋やガウン、マスク等を装着して処理を行います。

※ヘッドキャップ、シューズカバーがあれば装着するとなおよい。

◎消毒が不十分なまま床に掃除機をかけると、ウイルスが塵や埃などと一緒に拡散、感染リスクを高めます。

❷ 処理後に石けんと流水による手洗いをします。

★詳しくはp.20～21「嘔吐物の処理」を参考にしてください。

O《オー》-157（細菌性食中毒）

夏に発生しやすい細菌性食中毒

食中毒は、有害な物質や病原性微生物に汚染された食べ物や飲み物を摂取することで起こります。原因物質により、「細菌性」「ウイルス性」「化学物質や自然毒」などに分類されます。なかでも細菌性は、菌が増えやすい高温多湿の夏に多く発生します（主な細菌は左表参照）。

O-157（腸管出血性大腸菌感染症）は、細菌性食中毒の一つです。毒性の強い大腸菌による感染症で、抵抗力が弱い高齢者が感染すると、死に至ったり、腎臓や神経の障害など後遺症を残したりすることがあります。

食中毒を起こす主な細菌

菌の種類	感染源となる主な食材	特徴
O-157感染症などの腸管出血性大腸菌	加熱不十分な肉（特に牛肉）や生レバー、生野菜や井戸水など	摂取後3～8日で激しい腹痛、下痢、血便、溶血性尿毒症症候群と脳症など
カンピロバクター	加熱不十分な肉（特に鶏肉）や生レバー、生野菜や井戸水など	摂取後2～7日で下痢、発熱、腹痛、筋肉痛など
ボツリヌス菌※	缶詰・ビン詰め・発酵食品、真空パック、蜂蜜など	摂取後8～36時間で吐き気、嘔吐、視力障害、嚥下障害、呼吸麻痺などの神経症状など
ウエルシュ菌※	大量調理後、作り置きなど食前の加熱不十分なカレーやシチュー等	摂取後6～18時間で下痢、腹痛
サルモネラ菌	加熱不十分の卵、肉、魚等	摂取後8～48時間で吐き気、腹痛、発熱、下痢、血便など
黄色ブドウ球菌※	おにぎりや調理パンなど加熱後に汚染された食材	摂取後0.5～6時間で吐き気、腹痛など
腸炎ビブリオ	生の魚介類（寿司、刺身など）	摂取後4～96時間で激しい下痢、腹痛など

※加熱処理でも十分予防できない場合がある

感染ルート

接触（経口）感染

食中毒の原因となる微生物や細菌が付着した肉や魚を食べることによって感染します。ただし、個々の健康状態などで食中毒に対する免疫力は異なりますので、同じものを食べても、皆が同じ症状や経過をたどるわけではありません。

感染予防

食中毒予防の3原則を徹底させる

多くは食中毒菌を「つけない」「増やさない」「やっつける」の食中毒予防3原則で防ぐことができます。

❶ 食品に菌をつけない

調理や食事をする前に手指衛生をします。また、まな板などの調理器具を熱湯消毒するようにします。

❷ 菌を増やさない

冷蔵、冷凍の必要な食品は、すぐに冷蔵庫や冷凍庫に入れます。また、料理は室温で放置しない、調理済みのものは、十分に再加熱します。

❸ 菌を殺す

ほとんどの菌は、加熱により死滅します。加熱して調理する食品は、75℃で1分以上加熱すること。

O-157のDATA

主な症状 激しい腹痛、水様便、血便、一過性の発熱、（溶血性）貧血、血小板減少による出血傾向、無尿などの腎不全、脳症など。ただし、無症状や軽い腹痛の場合もあります。

病原体 O-157（腸管出血性大腸菌）

潜伏期間 3～8日 ｜ **罹病期間** 数日～約２週間

治療法 対症療法として、安静を心がけるほか、水分補給をし、消化のよい食事を摂取します。また、毒素が体外に排出されにくくなるため、一般的に下痢止めや痛み止めの使用は推奨されません。

発生時の対応

保健所に連絡して指示に従う

食中毒の発生が疑われた場合、直ちに感染対策委員会を設置し、保健所に届け出ます。原因の究明、食堂・厨房の消毒、使用停止・再開については、保健所の指示に従います。

O-157の場合

腸管出血性大腸菌は、排泄物から二次感染が起こり得ます。便を処理する際は、手袋、マスク、防護服を着用します。なお、食中毒を起こす細菌に対しては、エタノールなど多くの消毒剤が有効です。

肺炎球菌感染症

日本人の死因5位は肺炎。肺炎球菌によるものが最多

肺炎球菌感染症は、肺炎球菌という細菌によって起こる感染症です。その名の通り、肺炎の原因となりますが、中耳炎、骨髄炎、関節炎、蜂窩織炎、副鼻腔炎、心内膜炎、髄膜炎や敗血症なども引き起こします。

肺炎球菌は、鼻やのどの奥に常在している細菌で、普通は免疫力があるので感染症は発症しません。しかし、高齢者、がん治療を受けた人、脾臓を摘出した人、喫煙している人だと感染リスクは高くなります。

日本人の死因の第5位（2019年度）は肺炎ですが、その原因菌としては肺炎球菌が最多です。

気道感染の起こりやすい冬季や、インフルエンザなどウイルス性疾患の流行期は気道粘膜が傷つき、肺炎球菌の侵襲が起きやすくなります。保菌者が全員発症するわけではありませんが、感染させるリスクがあり、特に介護施設では感染拡大につながりやすいので注意が必要です。

DATA

主な症状

●**肺炎の場合**…突然の発熱や38℃以上の高熱、悪寒、だるさ、咳、痰（時に鉄さび色）、息切れ、胸痛、胸水など。

●**髄膜炎の場合**…発熱、頭痛、嘔吐、だるさ、首が硬くなる（項部硬直）、意識障害、けいれん、難聴など。

●**中耳炎の場合**…耳の痛み、鼓膜の奥に膿がたまる、聴こえにくい（難聴）など。

病原体 肺炎球菌

潜伏期間 1～3日

罹病期間 約2週間（重症度による後遺症もあり）

治療法

肺炎球菌により引き起こされる疾患ごとに治療法は異なりますが、一般的には、ペニシリンなどの抗菌薬投与をされます。

感染ルート

飛沫感染

接触感染

肺炎球菌は、鼻やのどの奥に常在しており、保菌者の咳やくしゃみの飛沫を吸い込む、または飛沫が付着したものを触るなどして感染します。

こんな人は 感染リスクが高い

- 65歳以上の高齢者
- がん治療を受けた人
- 糖尿病の人
- 心疾患の人
- 呼吸器疾患の人
- 脾臓を摘出した人
- 喫煙している人

感染予防

ワクチン接種と飛沫感染予防

発症予防に有効な肺炎球菌ワクチンを接種。肺炎球菌ワクチンは、65歳以上から5年ごとに定期接種の対象となっています。

日常的な予防

●**うがい・手洗い**

口腔内を清潔に保ち、日頃からの風邪の予防と体調管理が大切です。

●**手指衛生とマスクの着用**

保菌者の気道からの飛沫により拡散するのを防ぎましょう。

発生時の対応

標準予防策をとり感染者は個室に

感染者の発生後は、標準予防策と咳エチケットの徹底を。呼吸器症状があれば、ほかの利用者と一定の距離を置くために、個室管理やカーテン隔離などをします。

●**サージカルマスクを着用**

●**できれば個室に隔離**

◎食事でよくむせてしまう人に対しては注意が必要。咳込みが多い人は、周囲の人に肺炎球菌をまき散らす危険があるからです。食事の際は、ほかの人に飛沫感染しないよう、端の席にするなどの配慮をしましょう。

レジオネラ症

DATA

主な症状
高熱、寒気、だるさ、頭痛、食欲不振、筋肉痛、咳、胸痛、呼吸困難、吐き気、下痢、意識障害。

病原体 レジオネラ属菌 | **潜伏期間** 2～10日

罹病期間
数日～数週間（重症度による）。有効な治療がなされなければ、7日以内に死亡することが多い。

治療法
レジオネラ属菌に感受性のある抗菌薬（ニューキノロン系薬、マクロライド系薬）が使われます。予防薬としてのワクチンはありません。

汚染されたエアロゾルを吸入することで感染

レジオネラ症とは、1976年米国フィラデルフィアにおける在郷軍人（レジオネラ）集会で起きた肺炎のアウトブレイク（集団発生）により命名された、レジオネラ属の細菌によって起こる感染症です。

レジオネラ属菌は自然界に広く生息しています。感染源となるのは河川や土壌、温泉、冷却塔水、循環式浴槽（24時間風呂を含む）、加湿器など。そのなかで生息している細菌により汚染されたエアロゾル（空気中に漂う微細な粒子）や粉塵を吸入、あるいは誤嚥することで感染し、発症します。

レジオネラ症は中高年に多く発生し、急激に重症化し、死に至ることもあります。加湿器や入浴施設が適切に管理されていないと、介護施設での集団発生につながるので注意が必要です。

ただし、ヒトからヒトに直接感染することはありません。

例 加湿器のエアロゾルによる感染

加湿器のタンク内
細菌が増え、それを食べるアメーバが増える
アメーバ内でレジオネラ属菌が増える
アメーバが破裂してレジオネラ属菌が飛び出す
加熱式加湿器以外は、タンクや水受けに菌が繁殖しやすいため、こまめな手入れが必要です。
吸い込んで感染

感染ルート

エアロゾルによる 空気感染 / 飛沫感染

感染経路は、レジオネラ属菌を含むエアロゾルの吸入で、空気・飛沫感染に相当します。

感染予防

予防3原則に従って加湿器や浴槽の管理を

菌の温床である「ぬめり」を作らず、菌を肺に吸い込まないように、3原則に従って加湿器や浴槽の管理を行いましょう。

レジオネラ属菌が増えやすい温度は20～45℃で、それより低温あるいは高温に管理することが推奨されます。60℃以上では5分間で殺菌されます。なお、現在、予防できるワクチンはありません。

レジオネラ症予防 3原則

1. 「ぬめり」をつけない
2. 「ぬめり」を取り除く
3. レジオネラ属菌を吸い込ませない

加湿器のメンテナンス

- 1日1回は水を取り替え、タンクなども洗浄する。
- 塩素系薬剤による消毒をする（注）
- 使用後は乾燥させる

入浴施設の管理

- 浴槽は、1人が入浴し終わったら洗浄
- 大浴場も毎日1回は完全に湯を落とし、浴槽を洗浄したうえで水を入れる
- 定期的に塩素系薬剤による消毒をする
- 浴槽水の水質検査を定期的に行う

（注）加湿器によっては塩素系の消毒で故障する恐れがあるものもあります。消毒の方法は各機種の説明書に従い行ってください。

発生時の対応

疑われる人は早期に受診、標準予防策で対応

免疫機能が低下している高齢者は、肺炎を起こすリスクがあるので、早期に受診し、適切な治療を受けることが重要です。

MRSA感染症（メチシリン耐性黄色ブドウ球菌）

抗菌薬が効かない黄色ブドウ球菌による感染症。特に院内感染に注意

黄色ブドウ球菌は、人体の皮膚や粘膜、腸管などの体内や、環境中のどこにでもいるありふれた細菌です。

付着していても通常は害を及ぼさないことが多いのですが、ひとたび髄膜炎、肺炎、敗血症などの原因菌として感染症を起こすと、強い毒性を発揮し、重症化すれば死に至ることもあります。再燃や再発もしやすい、最も厄介な細菌の一つです。

健康な人であれば重症化することはありませんが、免疫力が低下している高齢者は重症化しやすいので、介護施設では注意したい感染症です。

特に近年、多種類の抗菌薬を使用する病院などでは、従来は有効であった抗菌薬が効かなくなる耐性菌の出現が問題となっています。なかでも、ペニシリン系薬の一種であるメチシリンという抗菌薬が効かない黄色ブドウ球菌がMRSAと呼ばれ、日和見感染や院内感染を起こす菌の代表格として知られています。

感染ルート

接触感染

汚染された床や器具、手指などを介して拡がります。〝保菌〟の状態で〝感染〟していなければ、多くの場合、抗菌薬投与の対象とはなりません。

感染予防

施設内の清掃と消毒、手指衛生

体内外に定着した菌のすべてを除菌することは困難ですが、定期的な清掃や消毒など衛生管理を心がけましょう。手指衛生などの接触感染予防策の徹底により、感染拡大を防ぐことが可能です。

なお、有効なワクチンはありません。

注意！

病院や介護施設内の床は

汚染されている可能性が高い

- 床に落ちた物はできれば廃棄する
- エタノールなど消毒薬で消毒をする

発生時の対応

呼吸器の症状がある時はカーテンなどで飛散防止を

透析患者、抵抗力の低下、手術後や皮膚の重症の熱傷、血管内などにカテーテルや人工弁・関節など異物が入っている、などは重症化のリスクとなりますので、そのような因子を持つ人たちに感染させることがないよう配慮しましょう。

DATA

主な症状

- 敗血症・心内膜炎・骨髄炎・腹膜炎・臓器膿瘍の場合…発熱、低体温、頻脈、頻呼吸、下痢、腹痛、腹部膨満感、吐き気、嘔吐など。
- 肺炎の場合…咳、痰、血痰、呼吸困難など。
- 化膿症・毛包炎・蜂窩織炎の場合…局所の痛みや腫脹、発赤、熱感など。

病原体

MRSA（メチシリン耐性黄色ブドウ球菌）

罹病期間 病態による（数日～数か月）

治療法

バンコマイシン、リネゾリド、ダプトマイシンなどの抗菌薬が用いられます。

MRSAが陽性＝感染ではない

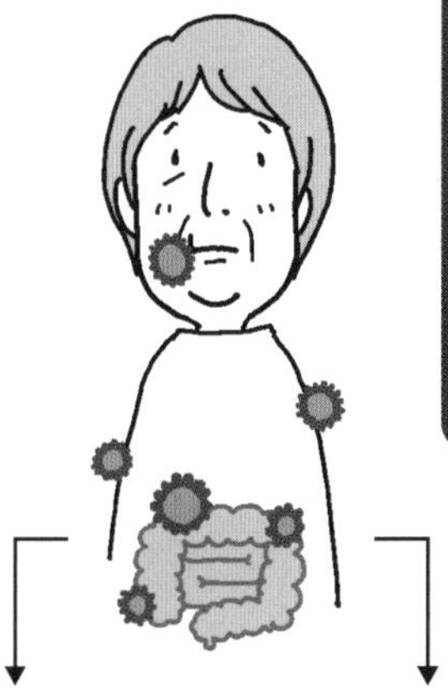

MRSAを発症し、咳、くしゃみ、発熱、下痢などの症状が現れる → **感染** → **入院治療の対象**（抗菌薬が効きにくいので重症化しやすい）

MRSAが付着しているものの病気を起こしていない → **保菌** → **治療の必要なし**

◎健康な人であれば、保菌していても自分の抵抗力で駆除できますが、抵抗力の低下している高齢者は保菌の状態が続きやすくなります。ただし、保菌者でも体調を崩すなどで細菌と闘う力（免疫機能）が低下すると、MRSAを発症します。

気道に菌を保有する人が何らかの原因で呼吸器症状を呈した場合

感染者の個室隔離は不要とされますが、飛沫にのってMRSAが飛散することもあるので、カーテンなど隔壁により菌の拡散阻止を。

クロストリジウム・ディフィシル感染症（CDI）

抗菌薬の服用で細菌が増え下痢などを引き起こす

クロストリジウム・ディフィシル（以下、CD）は、健康な人の腸内にも常在している腸内細菌です。しかし、ときに毒素を産生し、腸炎などの感染症を引き起こすため、悪玉菌の代表としても知られています。

特に、抗菌薬や抗がん剤、PPIなど胃酸を抑える薬剤などを服用していると、腸内の善玉菌が減って腸内細菌のバランスが崩れ、CDが異常増殖することで、クロストリジウム・ディフィシル感染症（以下、CDI）を発症することが多いようです。

免疫機能が低下している高齢者は、感染しやすいため、介護施設などで下痢を引き起こす原因としてよくみられます。食中毒よりもゆっくり、こっそり流行するので、下痢症状がみられた時は要注意です。

感染ルート

接触感染

通常の便培養検査では菌が分離されずCDIと診断されないため、気づかないうちに感染者の糞便等から環境が汚染され、手指を介して感染が拡大してしまうことがあります。

感染予防

手指衛生をし利用者をよく観察

日常のケアのなかで、「発熱や下痢などの人が増えていないか」を、よく観察し、CDIを念頭に留意しておくことが必要です。また、石けんと流水による手洗いが予防の基本です。

なお、予防に有効なワクチンはなく、開発に期待が寄せられています。

発生時の対応

接触感染予防策をとり早めに受診を

抗菌薬や抗がん剤を服用したあとに下痢（24時間以内に3回以上）が起これば、第一にCDIを疑いましょう。下痢を引き起こした利用者が発生した場合、CDIと診断されるか否かにかかわらず、CDIであることを想定して対応することが重要です。多くの場合、それらはノロウイルスなどほかの下痢をきたす感染症にも共通しているからです。

治療薬により便からの菌の排泄量は低下します。下痢症状がある時は医療機関を受診し、早期に治療することが重要です。

DATA

主な症状

軟便・水様下痢（ときに馬糞に似た特徴的な糞便臭）、腹痛、発熱、食欲不振、血便など。

病原体 クロストリジウム・ディフィシル

潜伏期間

2～7日、ときに数か月（保菌に至る時期がはっきりしないため、潜伏期間が不明なことも多い）

罹病期間

数日から数か月（再発も多い）

治療法

メトロニダゾール、バンコマイシン散の経口薬を服用します。治療薬に加え、乳酸菌などの善玉菌を利用するのは安全で有効とされています。

こんな症状があったらCDIを疑う

下痢　発熱　腹痛　吐き気　食欲不振

◎CDが産生する毒素により「偽膜性大腸炎」（粘膜が障害される）が重症化すると、腸壁に穴があいて死に至ることもあります。原因不明の下痢は、CDIを疑って対応することが大切です。

- 下痢の症状のある利用者専用のトイレを決め、ほかの利用者とトイレを共用しない。
- トイレの蓋を閉じて流す。
- 手袋やガウンの使用による適正な便の処理をし、処理後は石けんと流水による手指衛生をする。
- CDは乾燥やアルコールなど通常の消毒薬が効かないので、環境の清掃・清拭には0.1～0.5％の次亜塩素酸ナトリウム液を使用する。

★対策は、下痢が改善して48時間が経過するまでしっかり守りましょう。

疥《かい》癬《せん》

寄生するダニの数により2種類あり、症状や対応も異なる

疥癬は、ヒゼンダニがヒトの皮膚に寄生して起こる皮膚感染症です。

ヒゼンダニは、ヒトの目には見えないほど小さいもので、眠れないほどの強いかゆみを生じさせ、患者を苦しめます。

正しく診断されずに、ステロイド剤の内服や外用が漫然と処方されると、より悪化してしまうことがあります。

ヒトからヒト、そしてダニが付着した衣類やリネンから感染するため、生活の場である介護施設などで集団発生することが少なくありません。

なお、疥癬には「通常疥癬」と「角化型疥癬」の2種類があり（左記参照）、感染力に違いがあるため、対応策も異なります。

	通常疥癬	角化型疥癬
寄生したヒゼンダニの数	数十匹以上	100万～200万匹
感染力	弱い	強い
かゆみ	強い	程度はいろいろだが、かゆみが少ない、出ない場合もある
特徴的な症状	赤いブツブツ（発疹）、しこりなど	灰色、黄白色でざらざらした殻のような垢がついた状態
症状が出る部位	顔や頭を除く全身	全身
病気に対する抵抗力	普通	低下している

◎角化型疥癬は、通常疥癬よりダニの数が多く、重症の疥癬。ダニの数はもとより、感染力に大きな違いがあるため、感染対策も異なります。

感染ルート

接触感染

感染した人の皮膚の角質がはがれ落ちたものがついている寝具や衣類などを触ることで感染することもあります。

感染予防

日頃のケアで皮膚を観察

一般的な手指衛生と接触予防策に加え、日頃のケアの際に利用者の皮膚の状態をよく観察し、早期発見に努めましょう。

患者と接触する際には、手袋と袖つきガウンの着用が推奨されます。

有効なワクチンはありませんが、角化型疥癬では、予防内服を行う場合があります。

◎入浴・清拭のケアで皮膚の状態をチェックします。

発生時の対応

角化型疥癬は個室管理しリネンは50℃以上の湯に浸ける

介護施設内で患者が1人でも確認された場合には、ほかにも疥癬患者がいないかをチェックしましょう。

角化型疥癬の場合、患者1人でも集団感染（数か月間に2人以上の患者が発生すること）を起こします。逆に集団発生した場合には、施設内のどこかで角化型疥癬患者が感染源になっていると考え対処します。しかし、角化型疥癬では全身状態の悪い患者が多く、診断前に死亡・入院となっていることも少なくありません。

通常疥癬

- 感染者の隔離は不要。
- 皮膚の直接接触がなければ感染の心配はなく、対応は手指衛生と接触予防策で十分。

角化型疥癬

- 感染者を個室に隔離。
- 血圧計や体温計などの医療器具の共用を避ける。
- ケアや処置の際には接触感染対策を守る。
- リネン、毛布、布団、マット等は50℃以上のお湯に10分以上浸漬後、洗濯機で洗い、20～30分間乾燥機にかける。
- ピレスロイド系殺虫剤を散布し、掃除機清掃を行う。

DATA

主な症状

●**通常疥癬**…夜間に増強するかゆみと睡眠障害、赤い発疹や小豆大のしこり（手掌、指間、手首、肘、陰部、臀部、腋窩など）。

●**角化型疥癬**…灰色～黄白色の皮疹（顔面や頭部、爪を含む全身に起こりうる）、皮膚が赤くなる（紅皮症）、垢が増えたような状態・蛎殻様の角質増殖。

病原体 ヒゼンダニ

潜伏期間

通常疥癬：1か月～数か月
角化型疥癬：4～7日程度

罹病期間

適切に治療されれば通常疥癬で約1か月、角化型で約2か月

治療法

外用薬ではフェノトリン・クロタミトン・ペルメトリン・硫黄軟膏、内服薬ではイベルメクチンが用いられる。なお、角化型疥癬では両者を併用します。

白《はく》癬《せん》

カビによる感染症で、手足のほか毛髪や爪にも感染

白癬とは、いわゆる〝水虫・たむし〟で、ヒトの硬くなった皮膚を好むカビ(真菌)による感染症です。

高温多湿の夏場には4人に1人の頻度で足白癬がみられます。足以外にも手、体、頭、毛髪や爪などにも感染します。家庭や施設内のマットやスリッパの共用、感染した動物(ペット)に触れるなど、白癬菌の付着したものに直接接触し、24時間のうちに菌の拭き取り・乾燥がなければ、感染します。

単にかゆみだけの場合は軟膏などで治癒しますが、白癬により皮膚のバリアが破綻すると細菌の二次感染が起こります。皮膚が薄く細菌が増殖しやすい指のあいだなどから細菌が侵入すると、皮膚の深部に化膿性炎症を起こします。

また、糖尿病や動脈硬化の持病があると、血液の流れが障害され、組織が腐敗・壊死する壊疽《えそ》になることもあります。

DATA

主な症状
小さな水膨れ（水疱）、皮がむける、爪や足の裏が厚く硬くなる、軽いかゆみ、細菌による二次感染など。

病原体 白癬菌属

潜伏期間
数日～数年（感染部位と菌の毒性・宿主の感受性・過敏性によって異なる）

罹病期間
適切な治療により1か月～6か月
（未治療なら長年月）

治療法
イミダゾール系などの抗真菌薬の外用、爪白癬はイトラコナゾールやテルビナフィンなどの内服。多くの患者は、自覚症状がなくなれば治癒したものと勘違いして治療を中止しますが、最低1か月間は必要とされます。治療期間は医師の指示に従いましょう。

白癬にかかりやすい部位

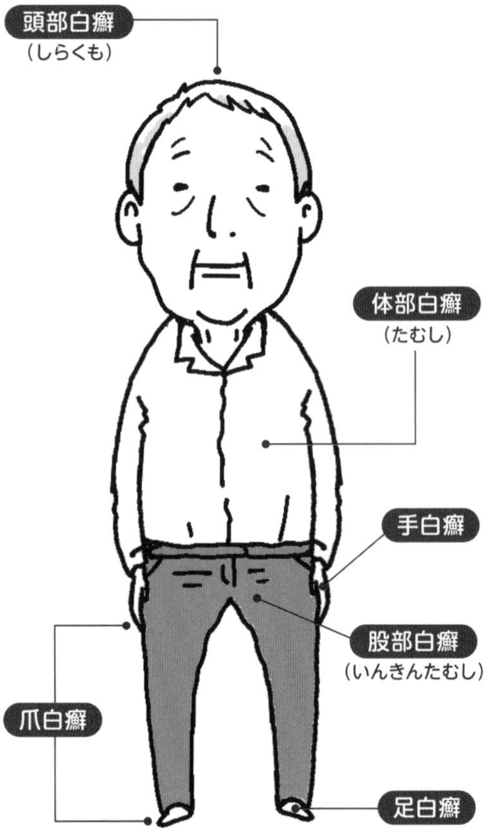
頭部白癬
（しらくも）
体部白癬
（たむし）
手白癬
股部白癬
（いんきんたむし）
爪白癬
足白癬

◎手、足、爪に発症したものは、水虫と呼ばれています。

感染ルート

接触感染

浴室の足拭きマット、共用するスリッパなどで白癬菌が増殖し、ヒトへ感染します。

特に爪白癬は、内服治療を受けないと治癒せず、家庭内感染の感染源になりやすいので要注意です。

発生時の対応

標準予防策に従ったケアをし、感染者には適切な治療を

基本的には接触感染の標準予防策に従ってケアをします。白癬菌が角質層に入るまでには24時間以上かかるといわれているため、ケア後にすぐ十分な手洗いをすれば簡単には感染しません。

感染予防

清潔・乾燥を心がけ菌を増やさない

- 靴や靴下の通気性をよくする。
- 足白癬の場合、5本指靴下も有用。
- 畳や床は拭き掃除をする。
- 浴室の足拭きマット共用は避け、こまめに交換、洗濯・乾燥させる。
- 入浴後は、全身の水気を拭き取り、足を十分乾燥させてから、靴下や靴を履く。

共用
NG

◎シンクや浴室などの水まわりはよく清掃し、乾燥させます。

困ってます

悩んでます

コロナ禍のレクとケアQ&A

新型コロナウイルス感染症が拡大するなか、
介護施設でのケアやレクリエーションにもさまざまな影響が出ています。
レクリエのアンケートに寄せられた読者のお悩みのなかから、
代表的なものを取り上げました。

監修

松岡佳美
看護師。特定非営利活動法人認知症ケア研究所 デイサービスセンターお多福茨城町 管理者。法人が主催する研修を担当。また、「劇団いくり」の鬼嫁として、認知症を正しく理解してもらうための啓発活動を実施している。

池村公伯
理学療法士。社会福祉法人清峰会 特別養護老人ホーム浅草ほうらい勤務。理学療法士の立場から、機能回復・維持につながる体操やレクリエーションを実践している。

マスク
ソーシャルディスタンス
感染予防
換気
飛沫
家族
レクリエーション

イラスト／オカムラナオミ

Q 1 新型コロナウイルス感染症の予防のためにレクを控えていたら、利用者の笑顔が減ってきました。どうしたらいいでしょう？

最近、皆さん
元気がないわ……

A 自粛しすぎると何もできなくなり、利用者のQOLが低下する恐れも。感染予防をしながら、できるだけいままでのレクを継続しましょう。

感染予防はとても大切ですが、そのために利用者の活動が極端に減ったり、楽しみがなくなったりすると、意欲や身体機能の低下につながりかねません。制作やゲームレクなどは、一度に行う人数を減らす、向き合わないでソーシャルディスタンスを促すなどの対策をとりながら、できるだけ継続しましょう。

それっ！
距離をとる
向き合わない

皆さん、
こちらを向いて
くださいね

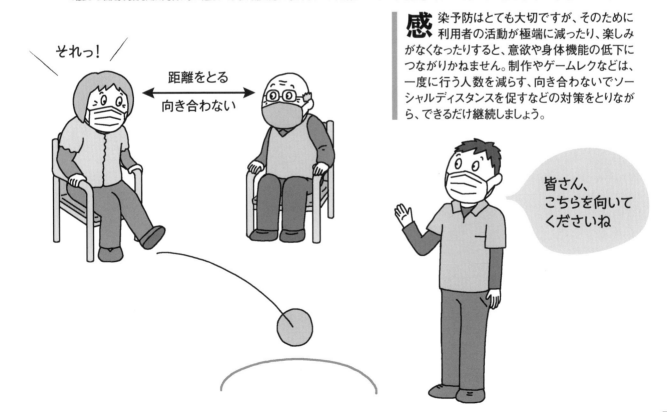

こんな工夫をしてみませんか？

音楽レクの工夫

◉飛沫防止のために、マスクをしたまま歌う

こんな声かけを

つばが飛ぶといけないので、
マスクをしたまま歌いましょう。
もし、苦しかったら歌うのをやめて
マスクをはずしてくださいね

マスクをしたまま
歌いましょう

◉楽器は1回使うごとに回収して消毒

歌をうたうのが不安な時は、音楽に合わせて打楽器を演奏しても。楽器は使う人が変わるごとに消毒します。

「さ」で
たたきます
あんたがた
どこさ
ひごさ
ひごどこさ

料理レクの工夫

◉自分が食べるものを自分で飾りつける

介護者が盛りつけたものに、利用者が最後に仕上げをしたり、自分で飾りつけをしたりします。飾りつけるフルーツなどもすべて個別にしておきます。

おいしそうなたこ焼きに
なりましたね

Q2 体操の声かけの時、マスクをしたままだと声が聞こえないと利用者にいわれますが、マスクをしないと飛沫が不安です。

動きがバラバラ。
聞こえていないのかな……

A 声を出さなくてもすむよう、あらかじめ録音しておいたものをかけながら行っても。スタッフの人数が少なくてすむうえ、利用者のサポートにまわることができます。

体操の時の声かけを、あらかじめスマートフォンやICレコーダーなどに録音し、流しながら体操を行う方法もあります。BGMつきで録音してもいいでしょう。CDにコピーすればCDプレーヤーで再生することもできます。専任でかけ声を出す介護者がいなくてすむので、その分、利用者のサポートにまわることができます。

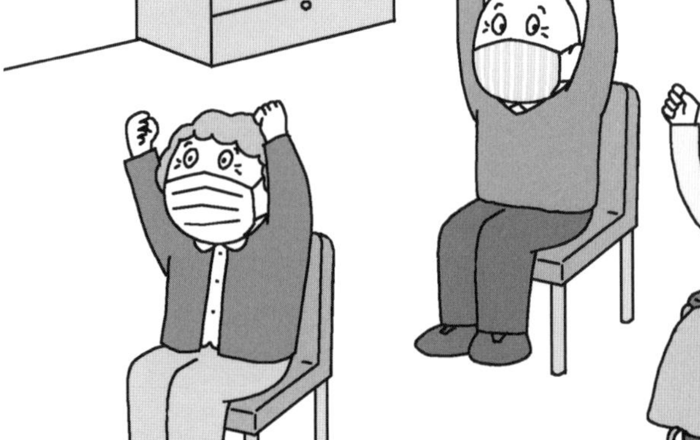
腕を大きく
回します!

腕が上がる
ところまでで
いいですよ

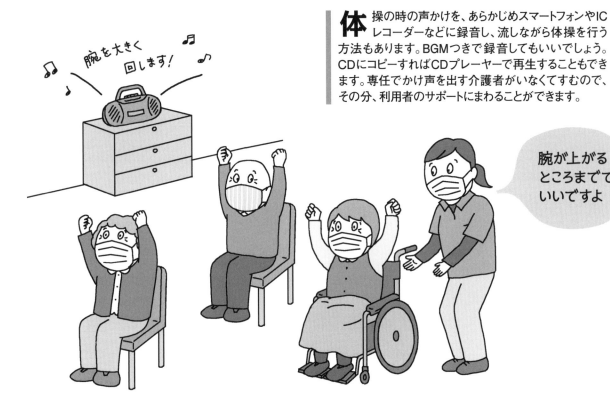

Q3 マスクをつけたまま話すと、利用者の声が聞こえにくかったり表情がわからなかったりします。また、難聴の利用者とのコミュニケーションがとりにくく困っています。

A 伝わりにくいと感じる時は、ジェスチャーを交えたり、小さいホワイトボードを使って筆談したりしてみましょう。

100円ショップなどで売っている小さいホワイトボードやメモ帳、スケッチブックなどで筆談すると伝わりやすくなります。その際、長い文章でなく、「トイレ?」「おやつ」「横になる?」など、短い言葉で伝えるのがポイントです。

Q 4

マスクをすぐにはずしたり、つけるのを嫌がったりする利用者がいます。ほかの利用者から苦情も出るため、対応に困っています。

A

マスクの必要性を根気よく伝えるしかありません。「○○さんが病気になったら私はとても悲しいので、マスクをつけてくださいね」など、くり返し説明することで理解してもらえるようになります。

認知症や、マスクをつける習慣のない利用者が、マスクを嫌がるというケースは多いようですが、根気よく説明するしかありません。「○○さんがここに来られなくなったら寂しいので、病気にならないようマスクをつけてくださいね」など、根気よく声かけをしましょう。

ただ、入所施設は生活の場なので、「家の中でずっとマスクをつけていられない」という人がいるのも理解できます。感染者や体調不良の人がおらず、周囲に人がいない場合は、マスクをはずす時間を設けるなどの柔軟な対応をしましょう。

こんな工夫をしてみませんか？

◉新聞を見せながら感染症の流行を伝える

こんな声かけを

今とても怖い肺炎がはやっているので、
予防のためにマスクをつけましょうね

人のつばから感染する病気なので、
自分がかからないためにも、
人にうつさないためにも、マスクを
つけることがとても大切なんです

世界中で
はやっている
ので……
新型コロナ

◉共感やユーモアを交えて伝える

こんな声かけを

マスクをつけると暑いし息苦しいですよね。
でも、○○さんが肺炎になったらみんなが
悲しむので、どうかつけてくださいね

マスクをして目だけしか見えないと、
私、美人に見えませんか？　女優さんも
いつもマスクしてるそうですよ

目が素敵って
言われるんです

◉マスクにアップリケを貼ったり、仲のよい利用者同士でおしゃれなマスクをおそろいにしたりするなど、楽しみを見つける

こんな声かけを

○○さんのマスク素敵ですね。
私もおそろいのにしようかな

マスクにこんなアップリケを貼ってみませんか？
つけるのが楽しくなりますよ

おそろいのアップリケを
つけたので……

どうしてもマスクができない利用者がいる 場合は……

重度の認知症などでマスクができない利用者がいる時は無理じいせず、周囲の人がマスクをつけることで感染を予防しましょう。その際、周囲の人がその利用者を責めることのないよう配慮しましょう。

Q5 利用者の家庭での感染予防がどの程度か、家族の体調不良などをどこまで報告してくれているかがわからず不安です。

○○さんの娘さんが
熱を出したそうだけど。
何か聞いてる？
ノートには何も
書いてなかったわ
連絡
ノート

A 家族からの報告を待つのではなく、こちらからどんどん聞きましょう。送迎時には、利用者だけでなく家族の体調も確認するなど、コミュニケーションを密にすることが大切です。

「高齢の旦那さんと二人暮らしなので、感染予防ができているか心配」「家族が熱を出したようだが報告がなかった」など、感染予防の程度、意識は各家庭で差があります。家庭のことを介護職がすべて把握するのは無理ですが、できるだけ情報は集めておきたいもの。送迎時や手紙などを利用して積極的に家族とコミュニケーションを図りましょう。

ご主人様は
お変わりない
ですか？
娘さんの熱が
続くようなら
連絡ください
ますか？

大丈夫だよ

こんな工夫をしてみませんか？

◉送迎時に利用者宅で検温

送迎時に利用者宅の玄関先で非接触型体温計で検温し、本人に熱がある場合は利用を控えてもらいます。居合わせた家族の熱も測らせてもらい、家族にも検温の大切さを意識してもらいます。

お二人の熱を測らせていただきますね

◉利用者の同居家族が利用する施設や病院で感染者が出た時は、利用を控えてもらう

利用者の同居家族に感染の疑いがある時はもちろん、家族が利用しているほかの介護施設、訪問介護事業所、病院などに感染者が出た時は利用を控えてもらいます。地域の病院、学校、介護施設などの情報を常に収集しておきましょう。

本人
ご主人
ご主人様が利用されている施設で感染者が……

Q 6 窓を開けて換気をすると利用者から「寒い」「暑い」と苦情が出ます。

A 感染予防のためには換気が大切であることを話し、「5分だけ」「10分だけ」と時間を伝えてから窓を開けましょう。

新型コロナウイルス感染症だけでなく、インフルエンザ、ノロウイルスなどさまざまな感染症の予防に換気は必要です。いきなり窓を開けると利用者も気温の変化に驚くので、毎回、「10分だけ窓を開けますね。寒いですが、少し我慢してくださいね」などと伝えてから開けるようにしましょう。

こんな工夫をしてみませんか？

◉レクに集中している時や体操で体が温まった時に換気をする

レクなど何かに集中している時は、寒さや暑さを感じにくいので換気をしても苦情が出ることが少ないようです。また、体操や食事のあとなど、体が温まった時を見計らって換気をしても。

暑くなったので
少し窓を開けますね

窓を開けると寒くなるので、
あちらに移りませんか？

◉風が当たる人は席を移動してもらう

「これから窓を開けますが、○○さんの席は風が当たって寒いかもしれないので、こちらの席に座っていただけますか？」と、あらかじめ声をかけて席を移動してもらうなどの配慮をしましょう。

監修者より

～コロナ禍でも笑顔を忘れないケアを～

新型コロナウイルス感染症が流行するなか、介護施設では緊張した日々が続いています。普段のケアに加え、感染予防のための消毒や健康管理、家族への対応など、新たな業務が増え、スタッフの疲労もピークに達していることでしょう。

そんななかにあっても、利用者にはできるだけいつもと同じ日常を過ごしてもらうことが大切だと思っています。利用者はスタッフをとてもよく見ています。スタッフが落ち込むと、利用者も覇気がなくなります。スタッフが笑うと利用者も元気になります。感染予防はもちろん大切ですが、気をつけるべきところは気をつけ、あとは普段どおり過ごすこと。できないことを嘆くより、できることを見つけてみんなで楽しむ。そんな気持ちでコロナ禍を乗りきっていきたいですね。

すぐに作れる
コピー用型紙集

型紙 p.000 このコピー型紙のマークがついている制作物の型紙です。コピーしてご利用ください。

p.50 手と足で連続じゃんけん

好きな大きさにコピーしてお使いください。

イラスト／河南好美

	手のじゃんけん	足のじゃんけん
グー		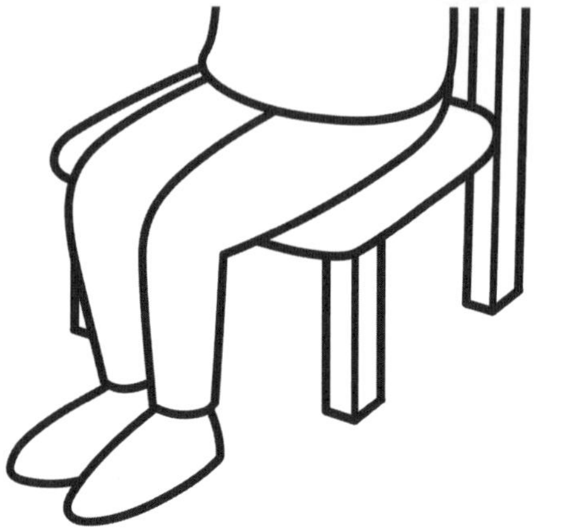 足をそろえる
チョキ		 足を前後に出す
パー		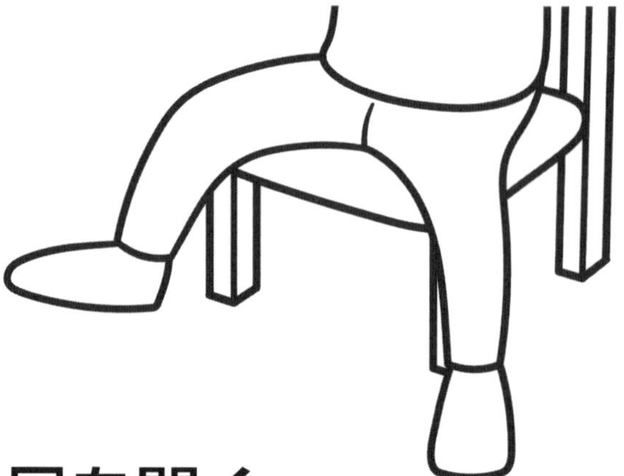 足を開く

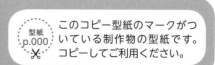

p.52 シルエット色当てクイズ

イラスト／大森裕美子

好きな大きさにコピーしてお使いください。

りんご

さくらんぼ

いちご

バナナ

ぶどう

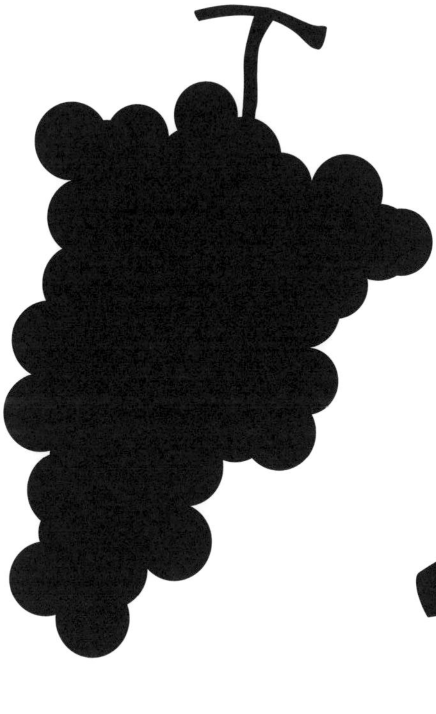

（86 ページに続く）

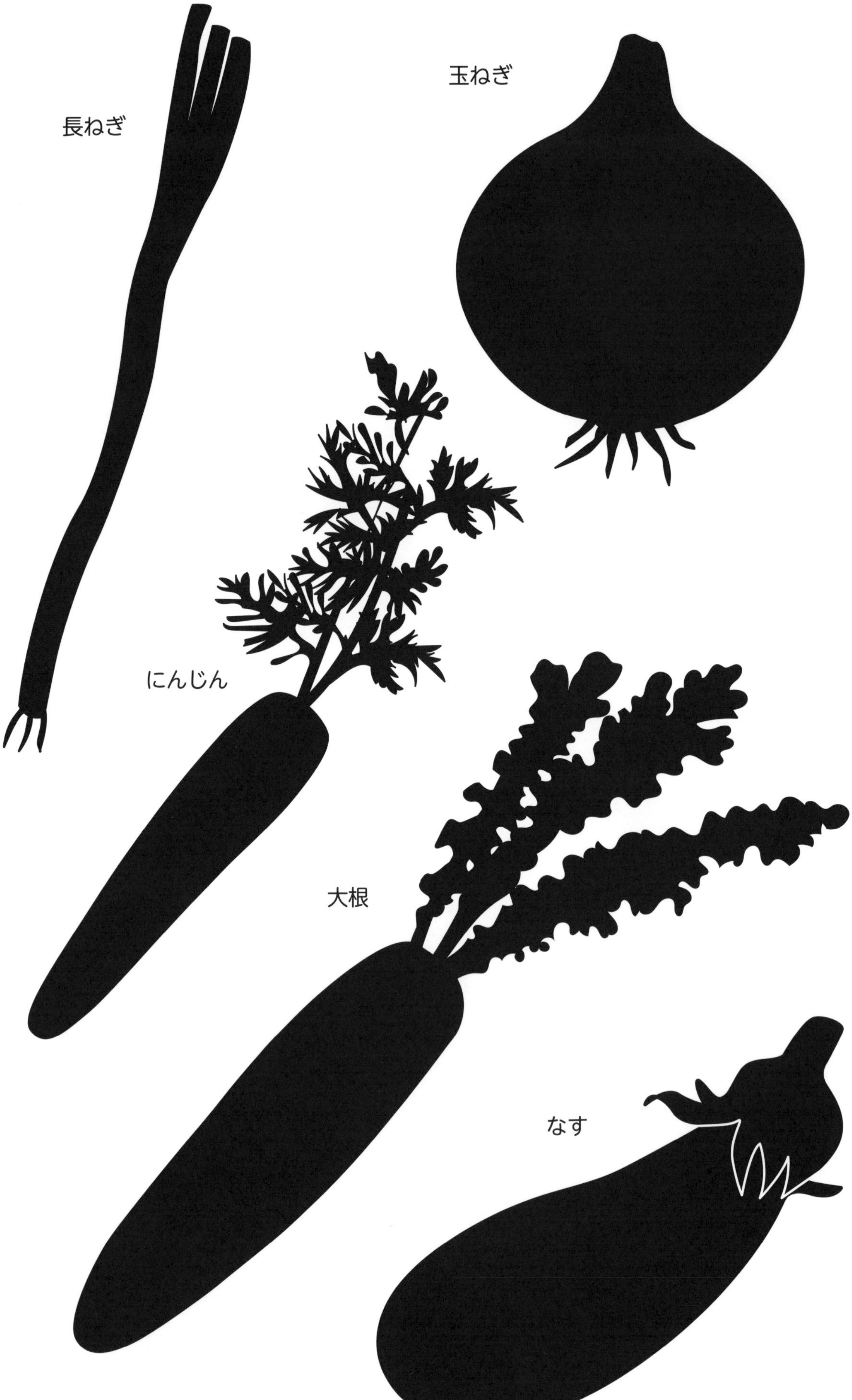
長ねぎ
玉ねぎ
にんじん
大根
なす

好きな大きさにコピーしてお使いください。

p.56

サル・ウサギ・カニ

イラスト／河南好美

サル

ウサギ

カニ

●レクリエブックス

介護現場の職員全員で読みたい!

介護施設での感染対策レク&ケア

発行日　2021年 7月30日　初版第1刷発行

発行者　石垣今日子

発行　株式会社世界文化ライフケア

発行・発売　株式会社世界文化社
〒102-8194
東京都千代田区九段北4-2-29
電話　編集部　03-3262-3913
販売部　03-3262-5115

印刷・製本　図書印刷株式会社

表紙イラスト　丹下京子

表紙デザイン　村沢尚美（NAOMI DESIGN AGENCY）

本文デザイン　宮崎恭子（NAOMI DESIGN AGENCY）
可野佑佳

編集協力　唐木順子　鈴木キャシー裕子　高野千春
深井敦子　フロンテア（池口美穂）

校正　株式会社円水社

製版　株式会社明昌堂

企画編集　嶋津由美子

＊本書は、介護レクリエーション情報誌『レクリエ　2020～2021特別号』掲載分に、
一部加筆・修正を行い再編集したものです。

ISBN　978-4-418-21206-4